Les origines du capitalisme moderne

Les origines du capitalisme moderne

Henri Sée

Editions Le Mono

Collection «*Les Pages de l'Histoire* »

Connaître le passé peut servir de guide au présent et à
l'avenir.

ISBN : 978-2-36659-448-5
EAN : 9782366594485

Introduction

En un pareil sujet, il importe avant tout de définir exactement ce que l'on doit entendre par l'expression : *capitalisme moderne*. Certains écrivains prétendent que le capitalisme est né dès que s'est développée la richesse mobilière. Le capitalisme aurait donc existé déjà dans le monde antique, non seulement chez les Romains et chez les Grecs, mais dans des sociétés plus anciennes, qui ont pratiqué d'actives tractations commerciales.

Mais il s'agit en ce cas, si capitalisme il y a, d'un capitalisme purement commercial et financier. Dans le monde antique, le capitalisme ne s'est jamais appliqué à l'industrie ; chez les Grecs et même chez les Romains, on ne trouve que de petits métiers, travaillant pour des marchés locaux, et surtout une main-d'œuvre servile, qui a pour fonction de subvenir aux besoins de la *familia*, comme c'est le cas sur les *latifundia* romains.

Dans les premiers siècles du Moyen âge, tout au moins depuis l'époque carolingienne, l'économie a un caractère presque uniquement rural ; les villes ne sont plus guère que des refuges et des forteresses : il n'y a plus trace de capitalisme. Puis, les croisades, en étendant les relations des pays avec l'Orient, en provoquant un grand mouvement commercial, ont permis aux Génois, aux Pisans et surtout aux Vénitiens d'accumuler de grands capitaux ; ainsi s'expliquent les premières manifestations du capitalisme dans les républiques italiennes. Mais on ne saurait, en aucune façon, parler de régime capitaliste, au sens moderne du mot.

Quels sont, en effet, les caractères essentiels de la société capitaliste, telle que nous la connaissons aujourd'hui ? C'est, non seulement l'expansion du grand commerce international, mais aussi l'épanouissement de la grande industrie, le triomphe du machinisme, la prépondérance de plus en plus marquée des grandes puissances financières. En un mot, c'est l'union de tous ces phénomènes qui constitue véritablement le capitalisme moderne.

Aussi les origines lointaines de ce régime ne remontent-elles pas plus haut que l'époque, où, dans les régions économiquement les plus actives, comme l'Italie et les Pays-Bas, le capitalisme commence à exercer son emprise sur l'industrie : nous voulons dire le XIIIe siècle. Il s'agit encore surtout, et presque uniquement, d'un capitalisme commercial, mais qui commence à « contrôler » l'activité industrielle. Ce n'est encore, on le verra, qu'un humble début. Cependant, il y a là, quelque chose de nouveau, l'aurore d'un mouvement qui finira par bouleverser tout le monde économique.

En fin de compte, pour éviter toute confusion, il faut prendre le soin de distinguer nettement le *capital* et le *capitalisme*. Nous plaçant au point de vue strictement historique, nous n'avons pas, comme les économistes, à prendre dans toute son étendue le sens du mot capital. Sans doute, la terre, les instruments de production sont, comme les valeurs mobilières, des capitaux, producteurs de richesses. Mais c'est comme valeur mobilière que le capital a joué le grand rôle dont nous essaierons de déterminer l'évolution.

Dans la pratique, le mot *capital* est né assez tard et il a uniquement désigné la somme destinée à être placée (*invested*, comme disent les Anglais) et à rapporter un *intérêt*. C'est sans doute par extension que les économistes ont donné au mot le sens qui a prévalu dans la science économique.

En réalité, le capital est né du jour où la richesse mobilière s'est développée, principalement sous la forme d'espèces monnayées. L'accumulation des capitaux a été une condition nécessaire de la genèse du capitalisme, et elle s'est accentuée de plus en plus, à partir du XVIe siècle, mais elle n'a pas suffi pour achever la formation de la société capitaliste. Ce sont les formes du capitalisme commercial et du capitalisme financier qui se sont dessinées les premières. Mais, pour que l'évolution fût achevée, il a fallu une transformation de toute l'organisation du travail, des relations entre employeurs et employés, laquelle a eu pour effet d'exercer sur les classes sociales l'action la plus profonde qu'on ait jamais pu observer jusqu'alors. Aussi le triomphe de l'organisation capitaliste n'est-il pas antérieur au XIXe siècle, et même, presque partout, à la seconde moitié de ce siècle.

Chapitre I

Les premières manifestations du capitalisme au moyen-âge

1. Le capitalisme dans le monde antique.

Le capitalisme existait-il dans le monde antique ? Les documents sont trop peu précis pour que l'on puisse donner une réponse ferme.

En tout cas, un fait apparaît nettement : dans l'Empire romain, comme en Grèce et dans les États hellénistiques, c'est la propriété foncière qui joue le rôle prédominant. L'économie domestique et l'esclavage rendent impossible la grande industrie.

Sans doute, l'antiquité n'a pas ignoré le grand commerce et, en particulier, le commerce maritime ; mais l'on ne sait pas exactement jusqu'à quel point il était important. L'accumulation des capitaux mobiliers était surtout le résultat de la ferme des impôts, du commerce des biens et de l'usure que pratiquaient les publicains. Sans doute, dans le monde romain, il existait des sociétés financières, des banques, des changeurs de monnaie, qui opéraient de grosses opérations financières. Mais les *argentarii* ne peuvent se comparer aux banquiers modernes, dont les capitaux immenses alimentent l'industrie, le commerce, « contrôlent » tout le mouvement économique. Comme le montre fort bien l'excellent ouvrage de Salvioli sur *Le capitalisme* dans le monde antique, les Romains n'ont pas connu l'organisation du crédit, les lettres de change, les valeurs mobilières. En admettant même que le capitalisme se soit manifesté dans quelques grands centres commerciaux, l'immense majorité de l'Empire a échappé à son emprise. La vie urbaine n'a qu'assez peu d'importance ; les classes riches habitent surtout leurs domaines ruraux. On ne saurait parler d'ouvriers salariés, car leur fonction est surtout remplie par la main-d'œuvre servile. En somme, c'est l'*économie naturelle*, qui prédomine, et, lorsque l'Empire s'effondre, c'est la propriété foncière qui, seule, reste debout.

2. Le régime féodal et les progrès de l'individualisme.

Pendant la période du pré-Moyen âge, tout au moins à partir du règne de Charlemagne, la vie économique se restreint presque uniquement aux grands domaines ruraux ; la vie urbaine est réduite presque à rien. L'industrie et le commerce n'ont qu'une importance très limitée et, comme le montre M. L. Halphen dans ses *Études critiques sur le règne de Charlemagne*, il ne faut pas se faire trop d'illusions sur la renaissance économique de l'époque de Charlemagne. Il est même possible, comme, le croit M. Pirenne, que celle-ci marque une régression, que, par suite des conquêtes arabes, se soit manifestée, à ce moment, une interruption presque complète de l'activité commerciale, qui s'était maintenue partiellement depuis l'antiquité romaine. Quoi qu'il en soit, la société s'est immobilisée « dans les cadres locaux où se développent ensemble le système domanial et le système féodal ». Dans cette vie rétrécie, des formes nouvelles d'activité économique ne pouvaient prendre naissance.

Cependant, l'établissement du régime féodal, la constitution d'une noblesse militaire ont pu, dans une certaine mesure, briser ce qu'avaient de trop rigide les cadres anciens, leur donner plus d'élasticité et contribuer, par le fait même, aux futures transformations économiques et sociales, qui marqueront le triomphe de l'individualisme.

Qu'est-ce, en effet, que le chevalier (le miles) ? C'est l'homme libre, capable de s'équiper et de servir à l'armée en combattant à cheval. Pour cela, la fortune, la possession d'une terre ne sont nullement indispensables. Le *vassus*, c'est souvent l'homme robuste, énergique, brave et audacieux, capable de suivre à la guerre un chef militaire ;

11

il peut être d'humble origine, il peut même être né serf. L'habitude s'introduit de payer les services du vassal par la concession d'un fief ; mais, à l'origine, cette concession du fief n'implique que des rapport strictement personnels. Il est vrai que, de bonne heure, l'hérédité du fief s'établit : pour les fils des nobles, la possession du fief suffit pour déterminer leur condition noble. Mais cela ne veut pas dire que la classe noble soit fermée : les roturiers, possesseurs de fiefs et admis à l'hommage, deviennent nobles.

La disparition de l'esclavage, — au sens antique du mot —, son remplacement par le servage ont contribué aussi à rendre la société plus mobile. Caractérisé surtout par des obligations juridiques comme le *chevage*, le *formariage* et la *mainmorte*, le servage disparaît peu à peu, grâce aux affranchissements. Ces affranchissements ont surtout pour origine des phénomènes économiques, les défrichements, qui s'opèrent, de plus en plus nombreux, à partir du XIIe siècle : les seigneurs, laïques ou ecclésiastiques, appellent sur leurs terres des *hôtes* (qui sont souvent des serfs déserteurs), pour les mettre en valeur ; et, afin de retenir leurs propres serfs, ils doivent leur accorder des conditions meilleures. Ainsi, le servage ne constitue pas, comme l'esclavage, une condition immuable. Les affranchissements, si nombreux au XIIIe siècle, ont brisé réellement les cadres de la société féodale. Les classes rurales ne forment plus une masse compacte et uniforme : il y a, parmi elles, bien des catégories distinctes. Puis, les différences de conditions économiques font sortir encore des cadres bien des individus ; déjà, parmi les serfs, il en est d'assez riches, il en est d'assez entreprenants ou que les circonstances ont servis assez fortement pour qu'il leur soit possible de pénétrer dans les rangs des classes supérieures.

3. Les manifestations du capitalisme à Florence

Cependant, c'est la vie urbaine qui va permettre les premières manifestations du capitalisme au Moyen âge, du moins sous sa forme purement commerciale. On les voit apparaître principalement dans deux régions favorisées au point de vue économique, dans les républiques municipales de l'Italie et aux Pays-Bas. Pourquoi ces deux régions ont-elles été les premiers champs d'élection du capitalisme ? C'est que le commerce maritime avec l'Orient, — à la suite des Croisades —, a doté les républiques italiennes d'une grande masse de capitaux. C'est que les Pays-Bas ont été l'un des principaux entrepôts entre l'Orient et le nord de l'Europe. Dès le Moyen âge, semble-t-il, c'est le grand commerce qui est la source essentielle du capitalisme.

D'ailleurs, si l'on veut voir comment le capitalisme a pris naissance et s'est développé en Italie, on peut prendre comme exemple la grande cité de Florence.

À Florence, les métiers se divisent en trois catégories les Arts majeurs, les Arts moyens et le, Arts mineurs. Or, les premiers se composent surtout de marchands : l'*arte di Calimala* (vendeurs et finisseurs de draps d'outre-monts) ; l'*arte della lana* (fabricants de draps) ; l'*arte di Por Santa Maria* (marchands de nouveautés et de soieries). Le grand commerce florentin, qui sert d'intermédiaire entre l'Occident et l'Orient, a pris de bonne heure un caractère capitaliste, et en particulier l'*arte di Calimala*. Les maîtres du métier opèrent les ventes en gros ; ils ont des comptoirs dans le Levant et fréquentent aussi les foires européennes, notamment celles de Brie et de Champagne, où ils achètent des draps de France, de Flandre et d'Angleterre. Ils tiennent dans leur dépendance une quantité considérable de *sottoposti* (comptables, commis et artisans, tels que teinturiers, apprêteurs et tondeurs). Réglant leurs comptes par lettres de change, ils se livrent naturellement à des opérations de banque.

Toutefois, de bonne heure, on trouve à Florence des changeurs et des banquiers, qui sont spécialisés dans cette sorte d'affaires. Ils s'occupent, tout à la fois, de transactions commerciales, du change et de l'envoi des métaux précieux, reçoivent des dépôts, effectuent des prêts sur gages et hypothèques, émettent des lettres de change et de crédit, commanditent des entreprises, assurent des navires. Mais ce sont surtout les opérations relatives aux finances publiques qui enrichissent les banques. Considérons que le Saint-Siège a des revenus dans tous les pays de la chrétienté : des dîmes, le denier de Saint Pierre, en Angleterre ; qu'il reçoit partout des legs et des donations. Les banques, grâce à leurs succursales, peuvent percevoir aisément ces revenus et avancer de l'argent à la cour pontificale. Celle-ci s'adresse à diverses banques, dans diverses villes, à des maisons de Sienne, de Lucques, de Pistoie, puis de Florence, quand les Florentins, en 1263, arrivent à supplanter les Siennois, sous le pontificat d'Urbain IV.

Les banquiers florentins exercent aussi leur champ d'action dans le royaume de Naples : Charles d'Anjou, qui a contracté auprès d'eux de gros emprunts, leur accorde d'importants privilèges commerciaux, des monopoles d'État, portant sur l'exportation du blé et du vin, sur les mines de fer, les gabelles, etc. On ne s'étonnera donc pas que les sociétaires de la banque Peruzzi aient touché des dividendes de 40 %, et ces gros dividendes s'expliquent d'autant mieux que le taux d'intérêt, qui était couramment de 14 à 25 %, s'élevait assez souvent à 45 ou 50 %, par an, quand les prêts n'étaient pas contractés au mois ou à la semaine. La chute des Templiers accroît encore l'importance de la banque florentine, au XIV siècle. Au XVe siècle, les Médicis, qui ont pris le pas sur les Spini, les Spigliati, les Bardi, les Pulci, les Alfani, deviennent si puissants qu'ils finissent par se faire donner un pouvoir princier.

La puissance financière des capitalistes italiens devient si grande qu'ils exercent leur emprise sur tout l'Occident chrétien, en France, en Espagne, en Portugal, en Angleterre. Seigneurs, prélats, villes et rois, partout, ont recours aux banquiers florentins et lombards ; Biche (*Biccio*) et Mouche (*Musciatto*) ont été les hommes à tout faire de Philippe le Bel. On inquiète parfois ces financiers florentins comme usuriers, on les traite parfois comme on le fait des Cahorsins et des Juifs, mais on ne peut se passer d'eux. Les Italiens, en réalité, ont été les premiers détenteurs du capitalisme financier.

Ils ont été aussi les premiers, avec les gens des Pays-Bas, à soumettre l'industrie à la domination du capitalisme. Les fabricants drapiers, qui, à Florence, constituent l'*arte della lana*, après avoir acheté la laine à l'étranger, la font travailler par de nombreux artisans de la, ville et de la campagne : tisserands, foulons, teinturiers, qui se trouvent sous leur complète dépendance, C'est que l'industrie lainière travaille en gros pour l'exportation. Voilà un premier exemplaire de l'industrie domestique, qui, partout, doit jouer un si grand rôle dans l'évolution du capitalisme. Lorsque l'*arte di Calimala* tombe en décadence, au XIVe siècle, c'est l'*arle della lana* qui la supplante et qui restera florissante jusqu'au milieu du XVe siècle ; puis, c'est l'*arte della seta*, l'industrie de la soie, qui passera au premier plan, jusque vers la fin du XVIe siècle, jusqu'au moment où la France lui fera une redoutable concurrence. La vie économique s'affaiblit, en effet, en Italie, dès cette époque ; ce sont les puissances maritimes de l'Occident qui déjà tiennent le premier rang.

4. Le capitalisme aux Pays-Bas

On saisit aussi aux Pays-Bas, dès le Moyen âge, les premières manifestations du capitalisme, du capitalisme commercial, fout au moins. Rien ne le montre mieux que les travaux si remarquables du grand historien belge, M. Henri Pirenne.

Au lendemain des invasions normandes, on voit se produire aux Pays-Bas un actif mouvement commercial, qui s'y développe plus tôt que dans la plupart des contrées situées au nord des Alpes. Il est favorisé, en effet, par leur situation géographique, car les Pays-Bas se trouvent au débouché de la vallée du Rhin, l'une des grandes voies naturelles entre la région méditerranéenne et les pays du Nord. C'est alors que se créent des entrepôts de commerce, des *portus* ou *poorts*, comme Bruges, Liège, Gand, Bruxelles, Douai, Ypres.

La ville commerçante est « un endroit permanent d'échanges, le centre d'une activité, économique nouvelle ». Elle est peuplée surtout d'immigrants, dont beaucoup sans doute sont fils de serfs. La plupart exercent le métier de marchands (*negociatores*). Ce sont des aventuriers, des hommes en marge de la société, singulièrement énergiques, avisés et entreprenants, qui, par la piraterie d'abord, puis par des opérations commerciales hardies, accumulent des capitaux. Les marchands du XIIe siècle ne sont pas spécialisés ; ils vendent des marchandises de toutes sortes. La ville n'est aussi pour eux qu'une « base d'opération » ; ils courent de pays en pays et transportent leurs marchandises de place en place. Comme les routes sont peu sûres, ils se groupent en *guildes* et en *hanses*, achetant et vendant en commun, se partageant les bénéfices « au prorata de leur mise de fonds ». On voit apparaître des instruments de crédit comme la lettre de foire et la lettre de change.

Le commerce accroît le stock monétaire, ce qui produit une hausse des prix, qui a de graves conséquences, même en ce qui concerne le régime agraire, qui favorise notamment l'affranchissement des paysans.

Aux Pays-Bas, comme en Italie, le capitalisme commence à s'appliquer à l'industrie, tout en gardant sa forme commerciale. Dans toutes les villes, on trouve des artisans, comme les boulangers, tailleurs, menuisiers, qui travaillent pour le marché local. Mais il est aussi des industries, comme la fabrication des draps et du laiton, qui travaillent pour des marchés lointains. Les artisans, dans ces métiers, ne se trouvent pas en contact avec le public. Ils subissent la domination du négociant exportateur, du drapier, qui souvent achète lui-même la laine, la fait travailler, se charge en tout cas du finissage, puis vend le drap fabriqué. Ce drapier est un capitaliste, et les artisans ne sont que des salariés, fort nombreux dans les centres de l'industrie de la laine ; ainsi, à Gand, on en compte 4 000 sur une population totale de 50 000 habitants. C'est là une organisation économique vraiment nouvelle, reposant sur ce que l'on a appelé l'*industrie domestique*, et qui annonce la grande industrie moderne. Toutefois, même aux Pays-Bas, les industries à forme capitaliste ne se sont développées que dans un nombre assez restreint de villes et elles n'ont pas donné naissance à de grandes agglomérations : Ypres, au XVe siècle, n'a pas une population supérieure à 10 000 âmes, Gand et Bruges, à 50 000 et 40 000 ; Louvain, Bruxelles et Liège n'ont pas plus de 20 à 30 000 habitants. Ce ne sont que des îlots clairsemés et peu denses.

La conséquence de cette forme nouvelle d'organisation du travail, c'est que, comme le montre M. G. des Marez clans son *Étude sur la propriété foncière dans les villes au Moyen âge*, la population urbaine se différencie en plusieurs classes économiques, nettement tranchées : il y a opposition des riches et des pauvres ; il se constitue un patriciat urbain composé de marchands enrichis et de rentiers, possédant des bien-fonds et des maisons.

Toutefois, dans les villes des Pays-Bas, l'expansion du capitalisme est gênée, à la fin du Moyen âge, par les révoltes des « gens du commun » contre l'exclusivisme de plus en plus étroit du patriarcat urbain, qui gouvernait les villes. N'empêche que, dès le Moyen âge, on voit s'y former une économie industrielle, qui ne se développera pleinement ailleurs qu'au XVIIIe siècle.

Quant aux cités épiscopales des Pays-Bas, leur situation économique se distingue par un caractère particulier, que

M. Pirenne a admirablement mis en lumière. On n'y trouve pas de gros marchands exportateurs ; mais, comme l'évêque est entouré d'une cour nombreuse, il y a là une clientèle toute trouvée pour de nombreux fournisseurs, artisans et marchands. En outre, les besoins financiers, — souvent considérables -, des établissements ecclésiastiques déterminent la formation d'une classe de changeurs, d'hommes de finance, qui créent un véritable capitalisme financier.

À considérer les Pays-Bas du Nord (Hollande et Zélande), on peut prévoir, dès le Moyen âge, qu'ils deviendront la terre élue du capitalisme commercial. Le grand commerce s'y est développé de bonne heure, précisément parce que la nature ne leur fournissait pas tout ce qui était nécessaire à leur vie économique. De bonne heure, la pêche (surtout la pêche du hareng) y avait été très florissante et leur permettait une importante exportation. Mais la Hollande et la Zélande, pays de pâturages et de petite culture maraîchère, ne produisent pas la quantité de grains nécessaire à leur subsistance ; elles doivent les faire venir d'abord des riches plaines picardes, puis des pays de la Baltique, et c'est ainsi qu'ils constitueront un entrepôt, où se fourniront plusieurs pays de l'Europe. Les Pays-Bas du Nord ne possèdent aussi ni assez de bois pour leurs constructions maritimes, ni les métaux dont ils ont besoin. Ainsi naît un puissant mouvement d'échanges, qui ne fera que se développer au cours du XVe et du XVIe siècle, pour s'épanouir merveilleusement au XVIIe siècle. La vie urbaine y a joué, de bonne heure, un rôle prépondérant : c'est à Middelbourg, à Dordrecht, à Rotterdam, puis à Amsterdam que s'est concentrée toute la vie économique du pays.

5. Premiers symptômes en France

Du reste, — il ne faut pas se le dissimuler -, la situation économique des républiques italiennes et des villes des

Pays-Bas apparaît comme vraiment exceptionnelle. Ailleurs, le capitalisme ne se manifeste que d'une façon très atténuée.

On se l'explique, si l'on songe que le commerce — le grand commerce tout au moins — n'a pas encore un caractère permanent, mais périodique. L'insuffisance des voies de communication, l'absence de sécurité, le petit nombre de centres urbains importants nous expliquent les raisons de cette périodicité. Voilà pourquoi le grand commerce se concentre presque entièrement dans les foires jusqu'à la fin du Moyen âge. Les foires les plus importantes se sont créées naturellement au carrefour des grandes voies de communication terrestre, comme la Champagne et Lyon, quelquefois à proximité des grands centres de production, comme les foires flamandes. Leur déclin sera déterminé, par les progrès de la poste, l'amélioration des routes, l'établissement d'une sérieuse police, l'accroissement des grands centres urbains. Elles seront peu à peu, on le verra, remplacées par les bourses, dont les progrès coïncideront avec ceux du commerce permanent.

Au Moyen âge, le développement économique de la France, tout au moins des régions qui composent alors le royaume, est beaucoup moins précoce que celui des villes italiennes et des Pays-Bas ; aussi l'industrie et le commerce sont-ils presque entièrement entre les mains d'artisans et de marchands, qui ne disposent que de ressources très limitées, qui ne sont, en aucune façon, des capitalistes. Cependant, peu à peu on voit se former une catégorie de marchands en gros, qui commencent à se différencier des gens de métier. C'est chez eux, et notamment chez les merciers, qu'on trouve les premières accumulations de capitaux. Un curieux règlement du XVe siècle, relatif aux prérogatives du « roi des merciers », nous montre la variété de marchandises que vendent les merciers et la prédominance économique qu'ils exercent sur nombre de métiers. Rien d'étonnant, par conséquent, qu'un privilège royal de 1413 affranchisse les merciers de l'inspection des jurés des métiers.

Toutefois, le grand commerce maritime, — l'une des grandes sources du capitalisme —, n'apparaît vraiment que dans des régions qui aujourd'hui font partie intégrante de la France, mais qui ne seront réunies au royaume que dans la seconde moitié du XVe siècle. C'est ainsi qu'à la suite des croisades, aux XIIe et XIIIe siècles, les Provençaux font un actif commerce avec nombre de ports du Levant. Bordeaux entretient aussi d'étroites relations commerciales avec l'Angleterre, à laquelle la Guyenne fut soumise jusqu'au milieu du XVe siècle. Les armateurs de Bayonne, dès 1213, forment une société d'assistance mutuelle et de partage de bénéfices. C'est à Marseille qu'on trouve d'assez nombreux exemples de sociétés en commandite, dès le XIIIe siècle. Mais, dans le royaume même, on ne voit guère apparaître d'importantes guildes marchandes, comme en ont connu les Pays-Bas ; on ne peut guère citer que les « marchands fréquentant la rivière de Loire ».

D'ailleurs, n'oublions pas que toute l'expansion économique du royaume de France fut entravée, paralysée par les ravages de la terrible guerre de Cent Ans. C'est seulement au lendemain de cette guerre, c'est-à-dire dans la seconde moitié, du XVe siècle, que les relations commerciales se développent à nouveau, comme le montre la création de nombreuses foires, que la richesse mobilière prend vraiment de l'extension.

Louis XI, beaucoup plus encore que ses prédécesseurs, s'efforce de favoriser le développement du commerce, d'introduire en France des industries de luxe. Il obéit déjà à une conception « mercantiliste », car il considère que l'achat d'étoffes précieuses à l'étranger diminue le stock monétaire du royaume ; c'est la raison essentielle pour laquelle il tenta d'implanter l'industrie de la soie à Lyon, malgré la répugnance des habitants, qui firent échouer son projet, puis à Tours, où elle prospéra dès son règne. On voit déjà que la grande industrie, en France, pendant longtemps, ne produira guère que des objets de luxe, qu'elle devra son existence à l'initiative et aux encouragements de l'État. C'est un fait significatif que Louis XI ait voulu créer une grande compagnie de commerce privilégiée, une « Compagnie du Levant », annonçant ainsi les créations de Colbert. En France, la formation du capitalisme commercial sera, en grande partie, une œuvre artificielle, comme la création de la grande industrie.

6. Le capitalisme en Angleterre.

Pendant la plus grande partie du Moyen âge, et encore au XIIIe et au XIVe siècle, l'Angleterre nous apparaît comme un pays exclusivement agricole, dont l'industrie est l'œuvre seulement de petits métiers urbains. Un fait significatif, c'est que, malgré sa situation insulaire, sa puissance maritime est très médiocre et que son commerce se trouve presque entièrement entre les mains des étrangers. C'est seulement au XIVe siècle que les marchands de l'Entrepôt (*Staplers*) commencent à se livrer au commerce international, qui a pour trafic essentiel l'exportation de la laine anglaise.

Cependant, dès la fin du Moyen âge, on voit se constituer en Angleterre les premiers éléments du capitalisme commercial. Certains métiers urbains se distinguent des autres par leur richesse ; ce sont presque uniquement des métiers marchands, comme les merciers, épiciers et drapiers. Les progrès du capitalisme commercial s'accentuent, au XVe siècle, grâce au développement de l'industrie drapière, auquel a fortement contribué l'arrivée en Angleterre de réfugiés flamands et brabançons. C'est alors qu'apparaît la classe des marchands de drap (*drapers*). L'Angleterre commence, en effet, à exporter les draps qu'elle fabrique. Ces progrès de l'industrie lainière ont contribué, dans une forte mesure, à battre en brèche le

21

système manorial et à faire naître la pratique de l'*enclosure*, qui peu à peu éliminera la petite propriété paysanne.

Cependant, en ce qui concerne l'origine du capitalisme en Angleterre, le phénomène le plus important peut-être à signaler, c'est la création de ce qu'on appelle le régime de l'*industrie domestique* et rurale, qui prend une extension considérable, au cours du XVᵉet du XVIᵉ siècle, lorsque l'industrie textile abandonne, en grande partie, les villes pour les campagnes. Dans ce système, l'on voit le capitalisme commercial, si fortement accru par l'exportation du drap, s'appliquer à l'industrie, la « contrôler », pour nous servir d'une expression moderne. Comme le dit à merveille sir William Ashley, « le *clothier* (fabricant de drap) achète la laine, la fait tisser, fouler et teindre ; il paie les artisans à chaque phase de la fabrication et il vend aux drapiers la marchandise fabriquée ». Il joue donc déjà le rôle d'un capitaliste par rapport aux artisans, quoique le capital de la plupart des fabricants soit encore peu important, et, en même temps, il se trouve, dans la dépendance économique des marchands exportateurs ; quand, par exemple, en 1527, lors de la rupture des relations diplomatiques entre le roi d'Angleterre et l'Empereur, les marchands ne peuvent plus vendre leurs draps au dehors, les fabricants se trouvent obligés de suspendre leur travail, et c'est le chômage pour les artisans qu'ils emploient. La seconde émigration des Flamands en Angleterre, à la suite des persécutions religieuses qui ont sévi dans la seconde moitié du XVIᵉ siècle, vient encore accentuer toute cette évolution économique ; c'est alors que Norwich devient, pour l'industrie drapière, un centre si important. L'industrie rurale et domestique (on le verra plus loin) s'est, d'ailleurs, implantée partout en Europe, mais plus tardivement, semble-t-il, qu'en Angleterre.

En ce pays, c'est à cette phase de l'évolution économique que correspondent la création et les progrès des *Merchant adventurers*, qui, au lieu de se contenter, comme les *Staplers*, de marchés relativement restreints commencent à s'aventurer au loin, véritables précurseurs de la grande expansion maritime de l'Angleterre. Nous voyons là déjà un exemple frappant de l'influence réciproque qu'ont exercée l'une sur l'autre l'activité commerciale et l'activité industrielle.

Même dans un pays comme l'Espagne, qui semble, en dehors des grandes routes commerciales et où la vie économique est peu active, on voit apparaître, dès le Moyen âge, quelques manifestations du capitalisme naissant : tel est le cas de Séville, où le développement de l'organisation économique nouvelle a été favorisée surtout par l'action des Génois et des Juifs.

7. Le capitalisme financier ; son caractère.

Le capitalisme financier apparaît aussi dès le Moyen âge, mais comme succédané du capitalisme commercial. La plupart des hommes, qui se livrent au commerce de l'argent, sont des marchands adonnés au trafic d'autres marchandises : drapiers, épiciers, merciers. Tel est le cas, en Italie, des négociants de l'*Arte di Calimala* ; tel est le cas aussi, aux Pays-Bas, des financiers d'Arras, et notamment de la famille Crespin. Les *lombards* eux-mêmes, qui tiennent les « tables de prêt », si nombreuses aux Pays-Bas, ne sont pas spécialisés uniquement dans le commerce de l'argent.

Cependant, la pratique des emprunts contractés par les princes, par les villes, par les établissements ecclésiastiques (pour ne pas parler des simples seigneurs et bourgeois) contribue à accumuler des capitaux considérables entre les mains des marchands d'argent. N'oublions pas, en effet, que le taux de l'intérêt est très élevé : rarement inférieur à 20 ou 25 %, il s'élève parfois jusqu'à 50 ou 60 %. Une classe de financiers tend donc à se créer, que viennent grossir encore les fonctionnaires financiers des princes, laïques ou ecclésiastiques, dont beaucoup sont d'origine italienne, ce que l'on comprend, si l'on songe que les Italiens ont, à cet égard, une grande supériorité technique.

Le change, que nécessite la diversité des monnaies, même dans une seule région, est aussi l'une des grandes sources du capitalisme financier. On trouve partout un grand nombre de changeurs, surtout dans les places où se traite le commerce international. Aussi, nulle part, le change n'a-t-il été aussi important qu'aux grandes foires de Champagne, où se rendent des marchands de toute l'Europe. C'est dans ces foires qu'on use surtout, et de bonne heure, sûrement dès le XIIIe siècle, des lettres de foire et des lettres de change. Le règlement des comptes, après s'être fait au comptant, se fait aussi à terme. Puis on procède à l'extinction des dettes de change par voie de compensation ; c'est le virement de parties ou *scontration*, qui, après s'être développé aux foires de Lyon, se perfectionnera encore aux foires espagnoles et aux foires de Gênes. « C'est dans les foires, dit très justement M. Huvelin, que les marchandises et l'argent cessent d'être des objets de consommation pour devenir des capitaux. »

Le commerce maritime Joue un rôle analogue aux foires. Ainsi à Bruges se pratique, dès le XIIIe siècle, mais sur un moindre pied qu'aux foires de Champagne, le change international. À la fin du XVe siècle et, au XVIe, Anvers sera une grande place de change international ; c'est que cette ville et notamment sa bourse constitueront, comme on l'a dit, une foire permanente.

Sans doute, le commerce de l'argent n'a pas encore pris, au Moyen âge, une existence pleinement indépendante. Mais on commence à percevoir l'importance qu'il prendra dans la vie économique. M. Bigwood déclare que, dans les Pays-Bas tout au moins, les emprunts publics n'ont pas favorisé le commerce de l'argent. Néanmoins les progrès des États princiers ont contribué très fortement à développer le capitalisme financier, dès le Moyen âge. Les princes, pour leur administration, leur politique et surtout leurs guerres, ont besoin de recourir aux services des hommes d'argent, qui à l'occasion (une occasion qui se présente souvent) leur consentiront des prêts importants, auxquels aussi, moyennant finance, ils concèderont des monopoles, comme ceux des « tables de prêt ». Sans aucun doute, comme le montre, le professeur W. Sombart, il existe des liens assez étroits entre les progrès de l'État et ceux du capitalisme ; c'est ce que l'on constatera plus fortement encore dans les siècles suivants.

Le mécanisme des changes et aussi les emprunts des États princiers engendrent, forcément le, prêt à intérêt ; celui-ci, il est vrai, est condamné par l'Église, tout au moins quand il ne représente pas le bénéfice d'une commandite, ou quand il n'affecte pas la forme de la rente foncière, mais la force des choses finira par l'imposer à la législation des divers États. Or, le prêt à intérêt est, sinon la principale source, du moins la manifestation essentielle du capitalisme.

C'est aussi dès le Moyen âge, en Italie surtout, qu'on voit apparaître des sociétés commerciales, annonçant les futures sociétés par actions, qui joueront un si grand rôle, dans la genèse du capitalisme. Telle, la *société en commandite*, qui permet dû donner une plus grande envergure aux opérations commerciales. Telle aussi, la *société* en nom collectif, *qui se rattache peut-être à la communauté familiale. Quant aux* sociétés par actions, elles ne se développeront véritablement qu'à partir du XVIIe siècle.

C'est encore au Moyen âge, en Italie, qu'on voit naître le prêt à la grosse aventure et l'assurance maritime, qui se rattachent si étroitement à l'histoire du capitalisme. La pratique des assurances se développpa ensuite, dès la fin du Moyen âge, dans les autres contrées maritimes de l'Europe, et les négociants portugais ont eu, semble-t-il, une grande part à ses progrès, comme à toute l'élaboration du droit commercial ; mais, sur cette question, les travaux sont encore peu nombreux. Il s'agit, d'ailleurs, seulement d'assurances « privées » ; les compagnies d'assurances ne naîtront qu'au XVIIe siècle, sous la pression de la nécessité, car il y avait grand avantage à partager les risques.

8. Caractères des puissances financières au Moyen âge.

On commence aujourd'hui à se rendre compte assez nettement de la nature des puissances financières au Moyen âge.

Il en est qui sont, en quelque sorte, confinées dans une ville ou dans un pays. Tel est le cas de ces « financiers d'Arras » (en Particulier, les Crespin et les Louchart), que récemment nous a décrits M. Bigwood. Enrichis, semble-t-il, tout à la fois, par le commerce et par leurs propriétés et rentes foncières, ils disposent, au XIIIe siècle et au début du XIVe, d'assez de capitaux pour faire des prêts fort considérables à des princes, comme le comte de Saint-Pol et le comte d'Artois, à, des seigneurs laïques et ecclésiastiques, aux villes des Pays-Bas, comme Bruges. Fixés dans leur cité d'Arras, ils n'ont pas de représentants au dehors, ne se rendent aux foires que pour leur commerce, n'ont pas de relations internationales. Voici, d'autre part, un fonctionnaire, Guillaume de Duvenvoorde (1290-1353), conseiller du comte Guillaume de Hollande. Ce sont surtout des spéculations financières qui l'ont enrichi : les prêts d'argent consentis à des particuliers et surtout à des princes, la pratique des changes, l'achat de rentes foncières, des constitutions de lucratives hypothèques lui ont permis d'accumuler tant de richesses qu'il possède un revenu de 70 000 livres (5 millions de francs au cours de 1921), représentant un capital de 100 millions de francs. Il est curieux de noter que, sa petite-nièce ayant épousé, en 1404, Englebert de Nassau, c'est à ce « nouveau-riche » du XIVe siècle que la maison d'Orange-Nassau doit sa fortune pécuniaire, et partant sa fortune politique.

Toutefois, les puissances financières les plus importantes qui se sont constituées au Moyen âge, ce sont celles qui ont été favorisées par leurs relations internationales. Telles, ces puissantes banques italiennes, qui ont en tous pays des succursales ; tels, ces changeurs et ces Lombards qui sont répandus dans toute la chrétienté ; tels encore, les Hanséates, qui ont d'importants établissements dans tout le nord-ouest de l'Europe.

Les Juifs constituent aussi une puissance économique internationale. Dispersés un peu partout, unis à leurs congénères par les liens de leur religion, qui leur vaut humiliations et persécutions, ils se trouvent placés dans des conditions particulièrement favorables pour se livrer à d'importants échanges commerciaux et financiers. C'est à tort qu'on les a crus longtemps voués uniquement aux transactions financières ; jusqu'au XIIIᵉ siècle surtout, ils font encore plus le commerce des marchandises que le commerce de l'argent, comme le démontre très fortement MM. Moses, Hofmann et Kulischer.

Enfin, l'Église, dès le Moyen âge, apparaît comme une puissance financière internationale. Les évêques, les chapitres, les abbayes possédaient de grandes propriétés foncières ; il leur fallait s'occuper de la vente de leurs produits, de leurs grains et de leurs laines ; ils ont donc été amenés à faire du commerce, d'abord pour leur propre compte, puis pour le compte des autres, en dépit des décisions de conciles, qui le leur défendaient, et qui sont d'autant plus fréquentes que leurs canons étaient constamment violés. Le commerce des marchandises entraîna les puissances ecclésiastiques à faire le commerce de l'argent ; les monastères devinrent de véritables établissements de crédit. Et ce fut surtout le cas des grands ordres militaires, qui, en tous pays, avaient des commanderies, et qui, par conséquent, avaient toute facilité pour se livrer aux lucratives pratiques des changes. C'est ainsi que l'Ordre Teutonique se préoccupe autant de ses transactions commerciales et financières que de l'évangélisation des Slaves, encore païens. Les Templiers, à qui les grands de ce monde confiaient des dépôts de métaux précieux et d'argent, qui prêtaient aussi des sommes considérables aux nobles, aux princes et aux rois, dont ils devinrent réellement les trésoriers, et qui se livraient à toutes les opérations de banque, accumulèrent tant de richesses qu'ils tentèrent la cupidité d'un souverain, toujours à court d'argent, de Philippe le Bel, ce qui explique leur scandaleux procès et la destruction de leur ordre.

L'aperçu qui précède peut suffire à montrer combien apparaissent diverses les sources du capitalisme au Moyen âge. C'est ne voir qu'une face de la question que de prétendre, comme le veut le professeur Sombart, que ce capitalisme est né, surtout de la propriété rurale des seigneurs, ainsi que de l'accroissement des propriétés urbaines et des rentes foncières, qui se trouvaient entre les mains du patriciat des villes. Sans doute, c'est bien là une des sources du capitalisme, mais beaucoup moins féconde que le grand commerce international des marchandises et que le commerce de l'argent, qui en a été la conséquence. Le phénomène prépondérant, pour qui veut s'expliquer la cause première de l'accumulation des capitaux, ce sont les relations internationales, encore exceptionnelles au Moyen âge, mais qui cependant jouent déjà un rôle important.

Une dernière remarque. C'est surtout le commerce de l'argent qui donne naissance à la classe des nouveaux riches. Mais, à chaque génération, comme l'a si bien montré M. Pirenne, ce sont des hommes nouveaux qui apparaissent. Les descendants de ceux qui ont réalisé de grosses fortunes ne tardent pas à abandonner le monde des affaires ; achetant des seigneuries ou des propriétés urbaines, acquérant des rentes (rentes foncières et rentes émises par les princes et par les villes), ils pénètrent dans les rangs de l'aristocratie foncière ou du patriciat des villes.

En un mot, ils renoncent à l'activité économique, ils ne représentent plus que le passé ; et ce sont des nouveaux venus qui vont reprendre le flambeau et créer, à leur tour, des formes d'avenir qui précipiteront l'évolution du capitalisme moderne.

9. Il n'existe pas de capitalisme industriel, au sens moderne du mot.

Quant au capitalisme industriel, au sens moderne du mot, il n'existe en aucune façon au Moyen âge ; il n'apparaît, on l'a vu, que sous sa forme purement commerciale. Les artisans, surtout dans les métiers de l'alimentation, du vêtement, du bâtiment, de l'ameublement, disposent eux-mêmes de leurs moyens de production, moyens très limités d'ailleurs, en général, comme le montre, par exemple, le registre de la taille à Paris, en 1292, comme le montrent aussi les taxes d'impôts de Bâle au XVe siècle. Ils besognent seuls ou avec un ou deux compagnons. Ils ne travaillent pas pour des marchés lointains, ils vendent directement leurs produits aux consommateurs de la localité, ou même mettent en œuvre la matière première qui leur est fournie par leurs clients.

Le régime corporatif, l'organisation des communautés de métiers, telle qu'elle existe partout au Moyen âge, tend à maintenir l'artisan dans une situation assez humble, en s'opposant à la concurrence, en limitant le nombre des apprentis, en assurant à tous la main-d'œuvre qui leur est nécessaire, mais une main-d'œuvre, très restreinte.

Les corporations ouvrières, dans l'immense majorité des villes, ont maintenu le régime de la petite industrie, non seulement au Moyen âge, mais dans les temps modernes. C'est seulement dans les corporations marchandes que parfois une différenciation se produit entre les maîtres et que l'accumulation des capitaux peut se réaliser ; nous avons là un phénomène très significatif.

Chapitre II

Le capitalisme au début des temps modernes

1. La théorie de W. Sombart sur la genèse du capitalisme.

La société capitaliste ne pouvait naître que de l'accumulation des capitaux. La question qui se pose tout d'abord, c'est donc de savoir d'où pouvait provenir cette accumulation à l'aurore des temps modernes.

À en croire W. Sombart, le commerce, tel qu'il se pratiquait au Moyen âge, était incapable de la produire. Cet auteur a recueilli un certain nombre de données sur la faiblesse des profits commerciaux, qui paraissent assez impressionnantes, mais qui sont trop peu nombreuses pour entraîner pleinement la conviction. Puis, il faut soigneusement distinguer le commerce local et le commerce interurbain ou international, qui va sans cesse en se développant dans les derniers siècles du Moyen âge. L'économie urbaine n'a jamais été aussi « fermée » (*geschlossen*) que se l'imagine Bücher. Ainsi, le commerce de la laine et des draperies, tel qu'il se pratiquait en Italie et aux Pays-Bas, semble bien être au moins la source primitive ou l'une des sources des grosses fortunes qui se créèrent alors en ces contrées. Considérons encore que le commerce est loin d'être vraiment spécialisé : le commerce des marchandise et celui de l'argent ne se trouvent-ils pas souvent réunis dans les mêmes mains ? L'on sait aussi que maintes fois les orfèvres prêtaient de l'argent, faisaient l'office de banquiers.

Ce qui est vrai (et voilà ce qui semble vraiment solide dans la théorie de Sombart), c'est que l'accumulation des capitaux est souvent le fait de personnages, qui percevaient des impôts, des taxes pour le compte du Saint-Siège, des rois, ou même les revenus des grands propriétaires fonciers, — ecclésiastiques ou laïques. Nous admettrons encore, avec W. Sombart, que le prêt à intérêt, tel que le pratiquaient Lombards et Juifs, peut être considéré comme une des sources du capitalisme.

Les exploitations minières ont joué aussi, à cet égard, un rôle assez important, comme le, prouve l'exemple des Fugger. Sans doute, il faut tenir compte encore de la plus-value, souvent énorme, des biens fonciers, qui se produit dans les villes, à mesure qu'elles croissent en population et en richesse. Cette plus-value profite surtout au patriciat des villes, qui bien souvent s'allie et arrive à se mêler avec la noblesse rurale, comme le montre M. Pirenne dans ses *Étapes de l'histoire sociale du capitalisme*. Mais ce patriciat, qui d'ailleurs a pour source première le commerce, semble jouer, un rôle moins actif, en ce qui concerne le capitalisme naissant, que les hommes nouveaux ; ce sont les nouveaux riches, comme le dit encore M. Henri Pirenne, qui ont toujours joué le rôle le plus actif.

2. Les grandes puissances financières en Italie et en Allemagne. Les bourses.

Si l'on veut comprendre les origines du capitalisme financier, il convient de considérer les grandes puissances financières, qui se sont constituées dès la fin du Moyen âge. Leur développement, comme le montre Richard Ehrenberg, a été surtout la conséquence du crédit public, que rendait nécessaire la formation des grands États, princiers ou monarchiques. Ces États ont de plus en plus besoin d'argent, car leurs services militaires, diplomatiques et financiers ne cessent de grandir.

Ainsi s'explique l'activité financière des Italiens (Florentins, Lucquois, Génois, etc.) en Angleterre, aux Pays-Bas, en France, et celle des *marans* (juifs portugais convertis) à Anvers. En Allemagne, les Fugger, d'Augsbourg, d'abord marchands, puis propriétaires de mines de cuivre et d'argent et banquiers, ont été les prêteurs attitrés des Habsbourg, et l'on sait le rôle qu'ils ont joué, au moment de l'élection de Charles-Quint. D'autres maisons d'Augsbourg et de Nüremberg ont été de grandes puissances financières dans la première moitié du XVIe siècle ; tels les Tucher, les Imhof. Les banquiers allemands tiennent aussi une place considérable à l'étranger ; par exemple, à Lyon, celui que l'on a appelé « le bon Kleberg, » et qui a été, pendant des années, le personnage le plus important de cette ville.

On comprend qu'il ait pu se constituer, dès cette époque, une grande accumulation de capitaux, si l'on songe que le taux de l'intérêt s'élevait souvent à plus de 50 %, et que les forces financières ont été grandement accrues par les sociétés commerciales, les syndicats et les monopoles.

Un fait significatif, c'est que les foires, qui jouaient un si grand rôle lorsque le grand commerce avait encore un caractère uniquement périodique, perdent peu à peu leur ancienne importance, à mesure que se développe le commerce sédentaire et urbain. L'on voit se créer, dès le XVIe siècle, des *bourses* mondiales, comme Anvers et Lyon, qui vont prendre de plus en plus leur place.

Dans les foires, les tractations financières n'étaient nées qu'à l'occasion et à la suite des transactions commerciales. Dans les bourses, les marchandises ne sont plus apportées elles-mêmes ; on ne trafique que sur les valeurs qui les représentent. Lyon, d'ailleurs, a dû son importance encore plus à la finance qu'au commerce, et son développement est en partie l'œuvre des rois de France. C'est la place où se négocient de préférence les emprunts publics, où affluent les banquiers, dont la plupart sont originaires de l'Italie ou de l'Allemagne du Sud. Lyon finira par perdre sa prépondérance bancaire, mais elle se transformera en une grande ville industrielle.

Ehrenberg, dans son bel ouvrage, *Das Zeitalter der Fugger*, montre qu'au XVIe siècle l'importance passe des foires aux bourses, tant pour le commerce des marchandises que pour le commerce de l'argent. Dans les foires, les transactions n'avaient lieu que de loin en loin ; dans les bourses, au contraire, c'est chaque jour de l'année que l'on négocie marchandises et valeurs. Les bourses ont donc fortement contribué à la concentration des opérations commerciales et financières. Elles sont ouvertes « aux marchands de toutes nations », comme le dit l'inscription placée sur le fronton de la Bourse d'Anvers, dont la création, en 1531, a été un événement de première importance.

Grâce aux bourses, les événements politiques et l'opinion influent beaucoup sur les affaires ; ainsi s'explique l'origine des gazettes, qui donnent aux trafiquants les nouvelles qu'ils ont besoin de connaître. Les bourses agissent, tout à la fois, sur le crédit des particuliers car il importe fort à un homme d'affaires d'avoir en bourse une bonne renommée, une *buona ditta*, suivant l'expression italienne, — et sur le crédit public. Rien de plus important aussi pour une place de commerce que le « cours de la bourse » et le taux de l'intérêt, qui s'établit à la bourse, et qui est en relation étroite avec les événements et les vicissitudes du crédit public.

3. La spéculation sur les capitaux.

C'est aussi au XVIe siècle, — et dès la première moitié de ce siècle -, que s'épanouit la spéculation sur les capitaux. Elle consiste dans le *marché à prime*, véritable pari sur]es prix et sur le cours du change, et surtout dans l'*arbitrage*, portant sur la différence des prix et du change qui s'établit entre plusieurs places : spéculation qui pouvait permettre, dans l'espace de quinze ou de vingt jours, de gagner jusqu'à 5 %. L'arbitrage, déjà pratiqué, au Moyen âge, par les Italiens, suppose beaucoup de flair et une véritable science, une science difficile, car, pour le pratiquer, il faut tenir compte d'une, foule d'éléments divers.

Autre trait caractéristique : le progrès des assurances maritimes qui, pratiquées d'abord en Italie, puis en Portugal, se développèrent beaucoup au XVIe siècle, notamment à Anvers. On arrive à plus de fixité dans le montant des primes. Mais la spéculation sévit de plus en plus sur les assurances, qui, en 1564, faisaient vivre, et grassement, 600 personnes ; les courtiers, très peu honnêtes, favorisaient les fraudes de toutes sortes, au profit des assureurs ou des assurés ; ce fut seulement en 1559 que le souverain essaya de réglementer les assurances. Il y avait souvent un grand nombre d'assureurs pour un seul navire, mais il n'existait pas encore de compagnies d'assurances, C'est aussi au XVIe siècle, à Anvers, qu'on commence à pratiquer l'assurance sur la vie, ou plutôt sur les voyages, souvent à l'insu de l'assuré, ce qui provoqua les pires fraudes et même des crimes.

On comprend la relation qui existe entre l'assurance et la spéculation, car l'assurance, même pratiquée honnêtement, comporte toujours un « risque », tout au moins pour l'assureur, risque qui s'atténuera lorsque l'institution sera devenue plus régulière.

Le goût du jeu sous toutes ses formes caractérise aussi une société dans laquelle s'est développée la spéculation. De là, l'organisation de loteries, comme la grande loterie de 1565-1567, qui devait profiter surtout à la gouvernante Marie et à ceux qui l'avaient organisée. De là aussi, la pratique des paris : à Anvers, l'on parie sur le sexe des enfants à naître, — ce qui donne lieu souvent à des fraudes —, sur la durée du trajet accompli par un cheval pour un certain parcours, sur la date d'un événement historique, etc. C'est aussi dans ce milieu fiévreux de l'Anvers du XVIe siècle que l'on voit s'agiter tout un monde de faiseurs de projets, plus ou moins chimériques, de donneurs d'avis, de brasseurs d'affaires et aussi d'inventeurs et ingénieurs ; bon nombre d'entre eux sont de simples ; chevaliers d'industrie, mais il est aussi des figures bien intéressantes : tels, un Gaspard Ducci ou un Leonardo di Benavento.

La grande conséquence des progrès de la spéculation, c'est la *mobilisation* des capitaux, la transformation des marchandises en *valeurs*, qui les représentent ou sont censées les représenter. On peut dire que même les biens fonciers commencent à se mobiliser, grâce aux hypothèques.

4. Les progrès du crédit public et les crises financières.

Un autre phénomène nouveau, ce sont les crises financières internationales, qui sont provoquées par le développement du crédit public.

En France, le cardinal de Tournon essaie de faire du crédit public une institution régulière ; il centralise au profit du Roi tous les dépôts des banques lyonnaises, promettant un intérêt d'au moins 10 %. Puis, dans la même place de Lyon, en 1554, c'est la création du « grand parti », véritable emprunt public, pour lequel on s'adresse à toutes les bourses, même aux plus humbles. Les souscripteurs reçoivent des obligations. Ce fut une fureur ; même les domestiques confient leurs économies au « grand parti » ; les étrangers ne sont pas les moins empressés.

Mais bientôt, voici la débâcle : le papier baisse de plus en plus, d'abord de 15 %, puis, en 1559, de 30 et même de 50 %. Et, au même moment, l'État espagnol subit une crise analogue.

Ces banqueroutes atteignent gravement tous les manieurs d'argent : 20 millions de ducats, c'est-à-dire 250 millions de francs, ont été, sinon engloutis, tout au moins gravement compromis ; le crédit public a été cruellement atteint. Les guerres de religion entraînent une autre crise très grave ; elles ont eu pour conséquence la chute des places d'Anvers et de Lyon, toutes deux gagnées, en grande partie, à la cause de la Réforme.

Une nouvelle banqueroute de l'État espagnol, en 1575, détermine une autre crise très grave. Elle ébranle la prospérité des foires espagnoles (de Medina del Campo, de Villalon, etc.). où se traitaient de grandes affaires, et où les Fugger et les banquiers génois jouaient un rôle prépondérant. La banqueroute atteint principalement Nicolo Grimaldi, des financiers espagnols, comme Espinosa, des capitalistes de Séville et de Burgos, ainsi que beaucoup de particuliers.

On comprend que les princes, dont les besoins d'argent croissaient sans cesse, aient servi la cause du capitalisme, M. H. Pirenne le montre très fortement, en ce qui concerne les Pays-Bas. Les artisans urbains ne combattent si vivement le régime monarchique que parce qu'il menace l'exclusivisme municipal, auquel le triomphe du capitalisme Serait funeste ; tel est le sens véritable de la révolte de Gand de 1477 et des troubles qui l'ont suivie. En fait, Philippe le Bon sacrifie Bruges à Anvers, qui représente l'esprit nouveau ; aux intérêts d'Anvers, qui se livrait au lucratif « apprêtage » des draps anglais, il sacrifie, vers 1500, l'industrie drapière de la Flandre et du Brabant.

On le voit, on ne saurait nier la relation qui existe entre le développement desmonarchies, des grands États, et les progrès du capitalisme. Les emprunta des princes, les besoins du crédit public ont singulièrement augmenté l'importance des grandes puissances financières, des Fugger et de leurs émules.

5. Le développement des banques.

Un trait caractéristique de l'époque, c'est le progrès des banques, fondées principalement par des Italiens, qui, dès le Moyen âge, avaient l'expérience de ces entreprises, et aussi par des Allemands.

Ces banques étaient des banques de dépôt. Grâce à l'argent qu'apportaient des hommes de toutes les classes (nobles, comme marchands), le banquier peut tenter de vastes spéculations. Tel, Ambroise Hœchstetter, qui voulut accaparer le marché dumercure, et qui finit par se ruiner et ruiner ses commanditaires. À Lyon, se créèrent de nombreuses banques, — surtout italiennes et allemandes — , qui firent de cette ville une grande place internationale pour le commerce de l'argent.

Le développement des banques introduit des mœurs nouvelles. C'est ce que montre avec force Lodovico Guiccardini, qui nous a laissé une description si vivante de l'Anvers du XVIe siècle :

« Autrefois, les nobles qui avaient des fonds disponibles les mettaient en terres, ce qui donnait du travail à beaucoup de gens et fournissait au pays le nécessaire. Les marchands employaient leurs capitaux à leur négoce régulier, de façon à égaliser entre les différentes contrées la disette et la surabondance ; ils utilisaient des hommes sans nombre et augmentaient les revenus des princes et des villes. Aujourd'hui, au contraire, une partie de la noblesse et des marchands (la première par l'intermédiaire des seconds, et les autres ouvertement), pour éviter les peines et les périls de l'activité professionnelle régulière, consacrent tous leurs capitaux disponibles au commerce de l'argent, qui les attire par ses gains élevés et sûrs. »

6. Influence prépondérante du capitalisme commercial, une source du capitalisme financier.

Quelque influence qu'aient exercée sur la genèse du capitalisme le commerce de l'argent et la spéculation, ils n'en constituent pas, semble-t-il, la source la plus féconde ; réduits à eux-mêmes, ils ne sauraient fonder une puissance économique solide et durable. Ehrenberg le montre fort bien, lorsqu'il compare les foires de Gênes et celles de Francfort.

Les foires de Gênes prirent une grande importance après la chute d'Anvers, et elles restèrent florissantes pendant un demi-siècle. Leur caractéristique, c'est qu'il ne s'y opère pas de trafic de marchandises, qu'on ne s'y livre qu'à des transactions financières : transactions particulièrement actives, puisqu'on y trouve des instruments de change pour les principales places de commerce. La couronne d'Espagne a souvent affaire aux foires de Gênes pour ses besoins financiers. On s'y livre à des spéculations de toutes sortes ; elles ont donc favorisé, sur une grande échelle, la concentration des capitaux. Mais, comme elles ne constituaient pas un centre commercial, elles rappellent le passé, plutôt qu'elles n'annoncent l'avenir ; ce fut comme le dernier éclat de la vie économique du Moyen âge.

Francfort, dès la fin du Moyen âge, avait été la place la plus importante de l'Allemagne de l'Ouest. La chute d'Anvers accrut aussi beaucoup sa puissance. Mais les foires qui s'y tinrent n'avaient pas un caractère purement financier ; on s'y livrait à des transactions commerciales très actives. Leur progrès avait été plus lent que celui des foires de Gênes, mais elles furent, par contre, plus solides et eurent un succès plus durable. Même pendant la guerre de Trente ans, elles se maintinrent, et, la place de Francfort continua à jouer un grand rôle au XVIIIe siècle, bien qu'elle fût, dans une certaine mesure, dépendante d'Amsterdam. Ce qui prouve sa prospérité, c'est que le taux de l'intérêt n'y fut jamais très élevé ; il ne dépassa guère 5 à 6 % et descendit même plus bas.

Si nous considérons l'Angleterre du XVIe siècle, nous voyous que l'éclosion du capitalisme financier y est singulièrement favorisée par le développement de l'industrie et les progrès du capitalisme commercial. L'industrie drapière, dont la valeur de production fait plus que doubler dans la seconde moitié du siècle, a besoin de capitaux et ceux-ci lui sont fournis par les marchands exportateurs. L'industrie minière, en progrès également, ne peut s'en passer.

C'est aussi le développement de l'exportation qui pose de plus en plus lit question des changes étrangers. Londres sans doute ne possède pas l'organisation financière d'Anvers ou de Lyon, mais cette place, grâce à ses transactions commerciales, se trouve en relations directes avec les grands marchés de l'étranger, surtout avec Anvers, Hambourg, Lyon et Rouen.

Les changes internationaux rapportent de grands profits et donnent lieu à une active spéculation. On ne saurait les confondre avec le change des monnaies, car, en eux, il entre deux autres éléments : le taux de l'intérêt et la variation journalière des changes.

Comme le montre un écrivain contemporain d'Henri VIII, Thomas Gresham, bien des marchands, enrichis par le commerce du drap, trouvent plus avantageux de se livrer à des spéculations sur les changes que de continuer leur ancien négoce ; ils trafiquent surtout sur le marché d'Anvers, et, sans grands risques, leurs opérations leur rapportent souvent du 16 %. Voilà un exemple frappant des liens qui existent entre les transactions commerciales et les opérations bancaires au XVIe siècle.

7. Le prêt à intérêt : la doctrine de l'Église et les pratiques nouvelles.

On comprend donc qu'en Angleterre, comme dans toute l'Europe occidentale, se pose la question si importante du prêt à intérêt et de la valeur d'échange de l'argent.

La doctrine canonique, qui réprouve le prêt à intérêt, règne en maîtresse au Moyen âge. Cependant si, à cette époque comme dans l'antiquité, on ne conçoit le placement de l'argent que sous forme d'usure, on finit par admettre que le prêt peut être légitime, lorsqu'il s'agit d'une commandite, qui comporte des risques et un dédommagement. L'Église distingue les prêts stériles et les prêts productifs. En Angleterre, à l'époque d'Henri VII, le cardinal-chancelier Morton déclare au Parlement :

Sa Grâce (le Roi) vous prie de prendre en considération toute entreprise commerciale ou industrielle, telle que les manufactures du royaume, de diminuer l'emploi stérile et bâtard que l'on fait de l'argent en le consacrant à l'usure et à des trafics illégaux ; on doit destiner cet argent à son usage naturel, c'est-à-dire au commerce et aux métiers loyaux et royaux.

N'oublions pas non plus que l'Église considère aussi comme légitime le *bail à rente*, qui n'est qu'un prêt déguisé. Mais, comme le remarque fortement le professeur W. Ashley, à mesure que les relations commerciales s'étendent, l'argent prend de plus en plus le caractère de *capital*. Et, ainsi que le dit M. Tawney, « la doctrine traditionnelle, qui se proposait de protéger les paysans et les artisans contre les prêteurs sur gages, n'était pas applicable aux fabricants de drap, aux propriétaires de mines, aux maîtres de forges, qui avaient besoin de capitaux ».

Cependant, la doctrine scolastique subsistait, et, pour les négociants et les hommes d'affaires, qui restaient fidèles à la foi catholique, il y avait là un cas de conscience singulièrement embarrassant. C'est ce qui explique la curieuse consultation que les marchands espagnols d'Anvers, en 1532, chargèrent leur confesseur, le franciscain Jean-Baptiste, de demander à l'Université de Paris. Cette curieuse consultation écrite, qui nous a été conservée et que publie M. Goris, montre que les théologiens catholiques n'ont renoncé à aucune des idées traditionnelles. Ils rejettent l'intérêt de change, comme illicite et usuraire, ils réprouvent tout élément spéculatif dans le commerce et n'admettent que le remboursement des frais que le prêteur a eu à subir ; ils condamnent absolument le « change de retour », le « change sec ».

Mais il est bien évident que la pratique ne pouvait s'en tenir à ces règles rigides. Les souverains espagnols eux-mêmes, si bons catholiques que fussent Charles Quint et Philippe II, durent reconnaître la légitimité de l'intérêt, pourvu qu'il fût relativement modéré, qu'il ne dépassât pas 12 % ; n'étaient-ils pas de grands emprunteurs ?

En Angleterre, à l'époque des Tudors, l'autorité publique fut aussi très embarrassée par la question du prêt à intérêt et des changes. Elle voyait qu'il était impossible de s'en tenir à l'ancienne conception de l'Église, de continuer à considérer le prêt comme « le péché maudit ». Elle commence à concevoir que ce qui est punissable, ce n'est pas le paiement d'une somme raisonnable et légitime pour l'argent prêté, mais uniquement les exactions, auxquelles peut donner lieu le prêt à intérêt. En 1545, un acte royal autorisa l'intérêt de 10 % ; il fut, il est vrai, abrogé en 1552, mais, dès 1571, il est remis en vigueur. La cause du prêt à intérêt est gagnée en Angleterre, malgré la résistance de l'Église anglicane, malgré l'opposition de bien des écrivains, comme Thomas Wilson, dont le *Discourse upon usury*, de 1572, ne fait aucune concession aux idées nouvelles. Et cependant Th. Wilson, comme le remarque M. Tawney, n'était nullement un théologien, mais un haut fonctionnaire, un magistrat cultivé, très au fait des questions économiques.

8. L'influence de la Réforme calviniste.

D'ailleurs, la Réforme religieuse, la réforme calviniste surtout, va singulièrement contribuer à faire triompher la conception moderne du capitalisme ; c'est ce qui a été bien mis en lumière par deux savants allemands, Max Weber, puis Troeltsch. La doctrine de Calvin, en ce qui concerne le prêt à intérêt, s'oppose absolument à la doctrine de l'Église catholique ; c'est qu'il n'établit pas de hiérarchie entre le « spirituel » et le « temporel » ; il considère comme louables le travail, l'exercice sérieux de la profession, et

41

partant comme légitime l'acquisition des richesses. À ce point de vue, sa doctrine se rapproche de la conception juive, et nous aurons plus tard à en examiner les conséquences. L'individualisme, qui caractérise la réforme calviniste, cadre bien avec l'individualisme des centres capitalistes en formation au XVIe siècle, et c'est un fait bien remarquable que des villes comme Lyon et surtout Anvers aient été gagnées si fortement aux nouvelles idées religieuses. L'on verra plus loin que ce sont précisément les puritains, comme les Juifs, qui comptent parmi les agents les plus actifs du capitalisme moderne.

D'autre part, il est certain que l'expansion du capitalisme a contribué, à l'épanouissement de la Renaissance. il faut tenir compte ici, non seulement de la richesse et du, luxe qui permettaient aux mécènes d'encourager les arts, mais aussi de l'indépendance de l'esprit, que l'organisation économique nouvelle favorisait. L'artiste, échappant au lien corporatif, devient singulièrement plus libre. Les relations plus actives entre les divers pays donnent à l'esprit une plus grande ouverture. C'est, au fond, toujours l'individualisme qui est en jeu, que l'on envisage les progrès du capitalisme ou l'éclosion de la Renaissance et de la Réforme.

Chapitre III

Le grand commerce maritime.
Les établissements coloniaux et les progrès du
capitalisme au XVIe siècle

1. Les conséquences économiques des grandes découvertes.

La source la plus féconde du capitalisme moderne, ce sont sans aucun doute les grandes découvertes maritimes, les expéditions des Portugais dans l'Océan Indien, à la suite desquelles ils ont établi de florissants comptoirs dans l'Inde et pris pied à Java, à Sumatra, aux Moluques, c'est aussi la prise de possession de l'Amérique par ces mêmes Portugais et surtout par les Espagnols. Ce sont ces peuples de l'Atlantique qui constituent, au XVIe siècle, les grandes puissances maritimes. Ils vont chercher directement dans les pays producteurs le coton, la soie, les épices, le sucre, qui entrent dans la consommation courante, ainsi que des produits inconnus jusqu'alors, les bois de teinture et d'ébénisterie, l'indigo, le café, le tabac.

Le commerce colonial, à ses débuts, consiste surtout, comme le dit W. Sombart, dans l'expropriation des populations primitives, incapables de se défendre. C'est surtout grâce à de véritables actes de piraterie que les commerçants des pays européens réalisent d'énormes profits, qui parfois dépassent 200 ou 300 %.

Une autre pratique, non moins lucrative, ce lut le travail forcé que, dans leurs colonies, les peuples européens exigèrent des indigènes : Espagnols, Portugais, Hollandais se montrèrent aussi impitoyables les uns que, les autres envers leurs sujets de race rouge ou de race jaune. En Amérique, dans les Antilles surtout, il y eut mie, véritable dépopulation. des Indiens, si bien qu'il fallut les remplacer par des nègres, que la traite chercha en Afrique, traite meurtrière, et qui rapporta aussi d'énormes profits. C'est très justement que W. Sombart a pu dire : « Nous sommes devenus riches parce que des races entières, des peuples entiers sont morts pour nous ; c'est pour nous que des continents ont été, dépeuplés ». Telle est, il faut en convenir, l'une des sources — fort impure — du capitalisme. D'innombrables faits, dans le détail desquels nous ne pouvons entrer, tendent à montrer que le commerce colonial et l'exploitation des indigènes ont accru, dans d'énormes proportions, la quantité des capitaux qui se sont répandus sur l'Europe.

Notons aussi que, grâce à ce commerce si lucratif, les anciennes pratiques commerciales se sont perfectionnées, que de nouvelles ont pris naissance, qu'un véritable, code maritime s'élabora. Cela fut, pour une bonne part, l'œuvre des négociants portugais, qui, les premiers, ont exploité cette nouvelle source de richesses, et dont, d'ailleurs, un grand nombre étaient d'origine juive, plus ou moins bien convertis au catholicisme (ceux qu'on appelle les *marans*). Les Espagnols ont imité leurs devanciers immédiats.

2. Les Portugais et les Espagnols à Anvers.

On s'explique ainsi la grande place que tiennent à Anvers les colonies portugaises et espagnoles, tout au moins jusque vers 1560 ; leurs vaisseaux entrent en grand nombre dans le port de l'Escaut. Anvers se trouve être la grande place d'*étape* entre les puissances maritimes, qui disposent à ce moment-là de toutes les productions de l'Asie et du Nouveau-Monde, et les pays du Nord-Ouest et du Nord de l'Europe. C'est aussi par Anvers que se transportent, à destination de la péninsule hispanique et du Nouveau-Monde, les produits si riches de l'industrie des Pays-Bas : draperie, toiles, tapisseries, objets de piété, œuvres d'art. Toutefois, si importante que soit cette place d'Anvers, la plus considérable que l'on ait connue

44

jusqu'alors, elle paraîtrait bien insignifiante si on la comparait au mouvement commercial des temps présents : le tonnage des navires dépasse rarement 200 tonneaux ; s'il est des *caravelles* de 300 à 500 tonneaux, on se sert de préférence, pour le commerce du Sud, de *hulques* légères et résistantes, qui n'ont pas plus de 110 tonneaux. Le mouvement du port, énorme pour l'époque, paraîtrait très faible aujourd'hui : en l'année 1542, on n'a compté que 36 départs pour l'Espagne.

Il n'en est pas moins vrai qu'en 1545, comme le montre M. Goris d'après les taxes d'impôts, le port d'Anvers a exporté des marchandises pour une valeur de près de 6 millions de livres, — chiffre très considérable pour l'époque —, tandis que le reste des Pays-Bas n'en a exporté que pour 2 millions. On peut bien dire, selon l'expression de M. Pirenne, que « les Pays-Bas sont devenus la banlieue d'Anvers ». Quant aux marchandises importées, ce sont, pour une forte part, des produits coloniaux.

La « nation » portugaise joue un rôle particulièrement important, bien que le nombre de ses membres ne soit pas très considérable (environ 70 familles en 1570) ; elle a ses deux consuls, sa juridiction consulaire, dont la procédure, rapide et peu coûteuse, est très favorable aux intérêts de la colonie. À Anvers, le roi de Portugal a un facteur, qui gère les affaires commerciales de ce souverain. Les Espagnols ne forment pas légalement une « nation », mais, s'ils n'ont pas de juridiction spéciale, ils jouissent en fait d'importants privilèges. Les négociants portugais et espagnols ne sont le plus souvent que des agents commerciaux, représentant d'importantes firmes des pays du Sud. Courtiers et financiers : tel est le double aspect sous lequel nous apparaissent ces agents, tout au moins jusque vers 1550, car, dans la seconde moitié du siècle, s'opère, dans les fonctions commerciales, une véritable division du travail.

3. L'or et l'argent du Nouveau Monde.

Toutefois, ce n'est pas seulement le progrès des transactions commerciales qui a agi sur l'expansion du capitalisme. Un autre phénomène, dans la seconde moitié du XVIe siècle, joue un rôle de premier ordre ; c'est l'énorme afflux des métaux précieux, de l'or et de l'argent, qui étaient devenus si rares à la fin du XVe siècle et au début du XVIe. Ne voit-on pas Louis XII, dans son ordonnance du 22 septembre 1506, se plaindre de l'exportation de l'or et de l'argent, qui en a fait hausser le prix, « à notre très grand préjudice et dommage » ?

Les Portugais, de bonne heure, recueillirent une grande quantité d'or sur la côte occidentale de l'Afrique. Mais l'événement décisif, à cet- égard, ce fut la prise de possession du Mexique (1519-1527) et du Pérou (1532-1541). Au moment de la conquête brutale, les *conquistadores* pillèrent sans vergogne les trésors accumulés par les Indiens ; rien que le trésor des Incas rapporta des millions à Pizarro et à ses compagnons. Puis, ce furent les tributs exigés des indigènes par les Espagnols, qui prirent possession du pays. Enfin, les mines rapportèrent des revenus réguliers. La découverte de la mine d'argent de Potosi, en 1545, accrut. encore singulièrement la quantité des métaux précieux, car elle rend 300 000 kg. par an. Le Mexique, la Nouvelle-Grenade, le Pérou, et, dans une pins faible mesure, le Chili déversèrent des flots de métaux précieux. En un siècle, la production de ces métaux s'accrut énormément, surtout celle de l'argent, qui a presque quintuplé de 1520 à 1620. Maintenant, les quatre cinquièmes de l'or et de l'argent proviennent de l'Amérique espagnole.

L'Espagne aurait donc dû recueillir toutes ces richesses. Elle essaya bien, en effet, de s'en réserver le monopole, mais elle n'y parvint pas, car les phénomènes économiques étaient plus forts que toutes les lois et les institutions. En réalité, les autres puissances maritimes profitèrent plus de ces trésors que la métropole des colonies espagnoles, et son système colonial contribua à la ruiner.

4. Le système colonial de l'Espagne.

Voyons donc tout d'abord comment la monarchie espagnole prétendit régler le commerce de l'Amérique. Elle essaya non seulement de se réserver tout ce commerce, mais aussi, afin de le contrôler plus aisément, de le concentrer dans un seul port, à Séville, puis, lorsque les nécessités de la navigation l'exigèrent, à Cadix, mieux situé que la capitale de l'Andalousie. Il est vrai que les autres ports de l'Espagne protestèrent contre ce monopole exclusif et que Charles-Quint se montra favorable à leurs revendications, mais, sous Philippe II, à partir de 1574, la cause de Séville triompha, puis Cadix lui fit concurrence et l'emporta définitivement.

C'est la *Casa de contratacion* qui règle tout le trafic avec l'Espagne. Créée en 1502, elle eut d'abord pour résidence Séville, puis Cadix, où, en 1517, elle est définitivement fixée. C'est un établissement avant tout commercial, mais qui possède aussi un droit de juridiction. À sa tête, se trouvent trois officiers, le *trésorier*, le *factor* et le *contador*, qui jouissent d'une grande autorité. Mais l'action de la Casa, comme celle de toute l'administration espagnole, est entravée par la routine.

Les marchandises transportées de Cadix dans l'Amérique espagnole ou d'Amérique en Espagne, sont soumises à de lourds impôts (l'*averia*, dont le taux est de 2,5 %, et l'*almojarifazgo*). C'est pourquoi toutes les cargaisons doivent être enregistrées, inscrites sur les livres du *contador*. Mais la contrebande est si importante que ces mesures restent en partie vaines ; c'est pourquoi, en 1660, les droits sont remplacés par une somme fixe clé 790 000 ducats.

Le roi d'Espagne prétendait se réserver la plus grande partie, sinon la totalité, des métaux précieux produits par l'Amérique ; en réalité, une faible partie seulement de ces richesses entra dans le trésor royal. Le gouvernement espagnol avait établi aussi des impôts extrêmement lourds sur les transactions commerciales dans les Indes et sur les *retours* de]'Amérique ; mais, en réalité, il n'en percevait qu'une faible part, car ici encore la fraude et la corruption jouaient leur rôle.

En principe aussi, seuls les Espagnols avaient le droit de s'établir en Amérique. Mais, à cet égard, beaucoup de fraudes étaient commises ; et, d'ailleurs, le nombre des Espagnols qui s'établit aux Indes resta relativement faible, étant données les dimensions des régions sur lesquelles l'Espagne imposa sa domination.

Parmi les puissances maritimes, l'Espagne occupait une situation particulière : depuis le XVIe siècle, elle était seule, avec le Portugal, à détenir de vastes possessions coloniales ; elle avait pris possession de tout un vaste continent. Aussi ne put-elle appliquer d'une façon stricte ce que l'on a appelé le *pacte colonial* ; on ne proscrivit pas, d'une façon absolue, l'industrie coloniale ; on encouragea même les fabrications textiles. Le commerce intercolonial était bien interdit en principe, mais, en réalité, il se faisait, sans qu'on parvînt à l'empêcher.

Seulement, l'Espagne s'efforça de se réserver le monopole du commerce avec ses colonies, comme le faisaient toutes les autres puissances. Mais on ne peut imaginer de pratiques commerciales plus absurdes. Un seul port, en Espagne, Cadix, avait le monopole de ce commerce ; et, en Amérique, tout devait aboutir à la Vera Cruz, pour le Mexique, à Carthagène et à Porto Bello, pour une bonne, partie de l'Amérique du Sud. Un mémoire sur le commerce de Cadix, de 1691, décrit nettement le caractère de ce trafic :

« Les galions vont, en premier lieu, aborder à Carthagène, Dès qu'ils sont arrivés, le général des galions en envoie donner avis au vice-roi du Pérou, qui fait sa résidence à Lima... Le vice-roi le fait savoir incessamment à tous les marchands et donne les ordres nécessaires pour le transport de l'or et de l'argent qui doit être envoyé à Panama par mer et de là à Porto Bello sur des mulets. Les galions ont coutume de rester quatre mois à Carthagène, à y négocier et échanger une partie de leurs marchandises. Le commerce qui s'y fait est d'environ 4 millions d'écus. De Carthagène, les galions vont à Porto Bello, où se tient dans ce temps-là une foire, qui dure cinquante ou soixante jours ; ils y laissent pour 18 ou 20 millions d'écus de marchandises de l'Europe et en rapportent pour environ 25 millions d'écus en or, argent et autres marchandises du pays, De Porto Bello, ils retournent à Carthagène, où ils sont encore quinze jours, et de là ils vont à La Havane où ils restent à peu près le même temps...

« Les flottes vont à la Vera Cruz, ville du royaume du Mexique ; elles y débarquent ordinairement tous leurs effets, et les marchands les y vendent ou les transportent, s'ils veulent, ailleurs. Elles demeurent dans ce port depuis le mois de septembre jusqu'au mois de juin qu'elles repartent pour Cadix...»

Cependant, les Espagnols font aussi le commerce dans la région de la Pampa par le port de Buenos Aires ; enfin, on commence à se, servir de la route du cap Horn pour trafiquer avec la côte du Pacifique, mais ce fut surtout le commerce interlope qui s'en chargea.

5. Le commerce des étrangers dans l'Amérique espagnole.

En réalité, ce commerce avec l'Amérique espagnole est fait surtout, — indirectement tout au moins —, par les étrangers, et principalement par les puissances maritimes du Nord-Ouest. Ces puissances, on le sait, se sont développées merveilleusement, à la fin du XVIe siècle et dans la première moitié du XVIIe, aux dépens de l'Espagne ; il s'agit surtout de l'Angleterre, et plus encore de la Hollande, qui, en révolte contre la monarchie espagnole, se constitue, aux dépens du Portugal, un bel empire colonial. La France ne vient qu'au troisième rang, mais l'esprit entreprenant de ses armateurs et marins de l'Atlantique fera d'elle aussi une concurrente redoutable pour l'Espagne. Voilà donc des forces économiques et politiques nouvelles qui entrent en jeu, et qui vont singulièrement contribuer à l'extension du grand commerce maritime et du capitalisme commercial.

Cependant, Hollandais, Anglais et Français ne peuvent, ouvertement du moins, faire le commerce direct avec l'Amérique espagnole. Ils doivent encore se servir, pour une bonne part, de la voie de Cadix. À ce port, ils font parvenir leurs marchandises par mer. Le transport se fait, d'ailleurs, le plus souvent en fraude, pour éviter les droits de douane, qui s'élèvent à 23 %. Le mémoire de 1691, déjà cité, nous dit que, sur 51 ou 53 millions de marchandises qui partent de Cadix, 50 millions appartiennent à des Français, Anglais, Hollandais, Génois, Flamands, qui trafiquent sous le couvert de prête-noms et de commissionnaires espagnols.

C'est ainsi que les Français y envoient des draperies, des dentelles, des soieries et surtout des toiles, qui constituent le principal article du commerce malouin. Le même mémoire de 1691 estime ainsi la valeur des retours, que reçoivent les étrangers pour les marchandises qu'ils ont expédiées en Amérique :

Français	13 ou 14 millions
Anglais	6 ou 7 millions
Hollandais	10 millions
Hambourgeois	4 millions
Génois	11 ou 12 millions
Flamands	6 millions

On voit que les Espagnols font surtout l'office de rouliers ; ce sont les autres pays de l'Europe qui expédient dans leurs colonies les objets manufacturés dont elles ont besoin.

6. L'afflux des métaux précieux et la crise monétaire.

En réalité, les métaux précieux s'écoulèrent de plus en plus en Europe dès le XVIe siècle. La France, qui expédiait beaucoup de marchandises en Espagne et qui y envoyait de véritables colonies d'artisans de toutes sortes, comme l'indique. Jean Bodin, dans sa *Réponse aux paradoxes de M. de Malestroit*, fut envahie à tel point par l'or et l'argent espagnols qu'elle subit une révolution monétaire, dont les conséquences furent extrêmement graves.

On constate tout d'abord la diminution du poids de la livre tournois, qui était une unité de compte, ce qui aggrava la dépréciation commerciale de la monnaie. Aussi s'efforça-t-on, par l'édit de septembre 1577, d'établir le monométallisme, mais ce fut en vain. Les monnaies étrangères, — surtout les monnaies espagnoles -, d'un titre et d'une valeur inférieurs à ceux de nos monnaies, envahirent la France, tandis que les monnaies françaises s'écoulaient au dehors. De là, une spéculation effrénée sur les changes, qui enrichit les gens de finance, les banquiers, et incita de nombreux marchands à abandonner leurs transactions commerciales pour le trafic de l'argent.

L'afflux des métaux précieux et les spéculations sur les changes entraînèrent la hausse des prix qui se produisit au XVIe siècle et surtout dans la seconde moitié de ce siècle ; elle se manifesta surtout pour les grains, mais elle est sensible aussi pour beaucoup de matières précieuses et de, produits manufacturés, pour le prix et le revenu de la terre. Il est malaisé de déterminer l'amplitude de cette hausse ; il semble qu'elle n'ait pas été inférieure à 100 %, et elle s'éleva peut-être à 200 %. C'est en vain que l'administration royale essaya de remédier à la hausse en édictant des maximum pour les prix et les salaires notamment en 1544, 1567, 1577. Il n'y eut que quelques rares contemporains à comprendre les vraies causes du phénomène, notamment Jean Bodin, qui, en 1568, publia son *Discours sur le rehaussement et la diminution des monnaies.*

Ces phénomènes ne sont pas, d'ailleurs, particuliers à la France. La hausse des prix se produit partout en Europe, au XVIe siècle, et surtout dans la seconde moitié de ce siècle ; on le voit nettement en Angleterre, où elle contribua à la hausse des rentes seigneuriales.

Une autre conséquence de l'afflux des métaux précieux, ce fut l'accroissement du capital mobilier ; il en résulta une grande activité économique, qui se manifesta par les progrès du commerce, puis par la création d'industries nouvelles. Fait bien curieux : même dans les campagnes françaises, on voit se dessiner un actif mouvement de spéculation sur les terres, sur les produits de la culture ; il se, constitue une classe de laboureurs-marchands, qui s'enrichissent parfois au point d'acheter nombre de métairies et même des fiefs nobles, tout comme les marchands des villes, au moment même où l'ancienne noblesse, ruinée, vend ses terres et se trouve précipitée dans une condition inférieure, si la faveur de la Cour ne vient redorer ses blasons. C'est ce qu'a montré récemment M. Paul Raveau dans sa belle étude sur *L'agriculture et les classes paysannes dans le Haut-Poitou au XVIe siècle.*

L'augmentation du capital mobilier donna aussi naissance à des conceptions économiques nouvelles, au système mercantile et protecteur. Ainsi s'expliquent la préoccupation d'avoir des colonies pour écouler les produits de la métropole, pour se procurer les métaux et les denrées précieux, ainsi que la formation du pacte colonial, qui doit assurer à la métropole un véritable monopole.

7. Les progrès économiques des puissances maritimes.

A - La France. — Le fait saillant de la seconde moitié du XVIe siècle, ce sont les progrès des puissances maritimes de l'Ouest et du Nord-Ouest de l'Europe, qui vont prendre la succession du Portugal et de l'Espagne.

La France est destinée à ne jouer, à cet égard, qu'un rôle de second plan, quoique fort honorable. L'on voit se développer son commerce avec l'étranger, principalement avec l'Espagne, qui avait besoin de nos pro-duits et ne pouvait guère payer qu'en numéraire, et aussi avec l'Angleterre, qui recherchait fort les produits agricoles de la France.

Il est vrai que la France a toujours les regards tournés vers l'Orient : elle conclut une entente avec les Mameluks d'Égypte, puis elle signe avec le sultan, en 1536, des capitulations, qui reconnaissent son protectorat sur tous les catholiques de l'Empire ottoman ; n'ayant plus à redouter que la concurrence de Venise, elle devient la première puissance maritime de la Méditerranée.

Les Français cependant ne négligent pas le Nouveau Monde. Ils prennent part à de nombreuses expéditions à Terre-Neuve, au Brésil, en Guinée, sur les côtes de l'Amérique du Nord. Jacques Cartier découvre le Canada, de 1534 à 1541. Au Brésil et en Floride, les Français ne parviennent pas à s'établir, mais ils entreprennent le commerce interlope dans l'Amérique du Sud. C'est du XVIe siècle que date la prospérité de ports comme Nantes et Bordeaux ; c'est sous François Ier que fut créé le Havre.

B - La Hollande. — Plus fortement encore que la France, la Hollande s'annonce, dès le XVIe siècle, comme devant être une grande puissance maritime. C'est que, même avant leur révolte contre la monarchie espagnole, les Pays-Bas du Nord ont une marine de premier ordre, qui joue à Anvers un rôle de plus en plus considérable, des chantiers de constructions navales renommés; ils ont succédé à la Hanse et ont accaparé une grande partie du commerce de la Baltique.

Même, pendant la guerre contre l'Espagne, le commerce des Hollandais avec ce pays n'a jamais été complètement interrompu ; pour se faire en fraude, et d'une façon subreptice, il n'en était pas moins lucratif ; c'est à ce moment-là que la Hollande a commencé à aller chercher à Cadix les métaux précieux, qui allaient constituer son énorme stock monétaire. C'est ce qu'indique un intéressant mémoire de 1607 :

Le trafic et navigation que lesdits rebelles ont eu par le passé en Espagne a été sous la couverture de France, d'Angleterre et d'Allemagne, et par icelle navigation d'Espagne que les rebelles y ont eu depuis 22 ans en çà ont remporté à leurs villes et provinces force argent et or pour retour en fourmages, bleds, beurre, harens, toutes sortes de manufactures, chair, bière, cire et autres marchandises de Oostlande [de la Baltique], et par ce moyen ont acquis encore de plus grands trésors qu'ils ne pouvaient faire par leur pêcherie et leur navigation d'Oostlande ; et avec grandes dissimulations et tromperies donnent à entendre estre de Dannemarch, Oostlande et Norvège et subjets à l'Empire par fausses certifications et passeports contrefaits par personnes députez qu'ils ont pour cet effet.

La révolte contre l'Espagne a eu une autre conséquence heureuse pour le progrès du grand commerce maritime et colonial de la Hollande. Le Portugal ayant été annexé par Philippe II, en 1580, les Hollandais ne purent plus se fournir directement des épices et denrées précieuses de l'Extrême-Orient qu'ils allaient chercher à Lisbonne. Ils entreprirent donc d'aller les prendre sur place dans l'Inde et les îles de l'Océan Indien. Ils vont peu à peu s'emparer des comptoirs et colonies des Portugais et les supplanter dans ce commerce si lucratif ; ainsi s'explique la création de la Compagnie des Indes Orientales, au début du XVIIe siècle.

C - L'Angleterre. — C'est aussi dans la seconde moitié du XVIe siècle que les Anglais commencent vraiment à participer au grand commerce maritime. Ils y sont grandement encouragés par l'État Tudor, qui, ayant de grands besoins d'argent, s'efforce de développer les forces économiques de la nation, et inaugure ainsi, sous le règne d'Élisabeth, une véritable politique nationale de grande envergure.

Rien de plus significatif, à cet égard, que les efforts de Burleigh pour développer la puissance maritime de l'Angleterre. C'est à la marine qu'il songe, lorsqu'il encourage la culture du chanvre et du lin, la fabrication des toiles à voiles, la. production des bois de construction. Il ordonne mie grande enquête sur les ports et fait entreprendre d'importants travaux pour leurs réparations. Afin d'avoir de bons marins, il encourage la pêche, applaudit aux exploits des corsaires, autorise le commerce, interlope des esclaves.

Pour développer le commerce maritime, on se préoccupe aussi de s'ouvrir de nouveaux marchés. Un fait caractéristique, ce sont les progrès de la Compagnie des *Merchant adventurers*, qui, lorsque la Hanse teutonique, fut définitivement expulsée de Londres en 1597, s'établit, en 1611, à Hambourg, d'où elle put drainer une partie notable du commerce de l'Allemagne. Non moins caractéristique nous apparaît la création de nouvelles compagnies privilégiées : en 1554, la *Moscovy Company*, qui capte une partie importante du commerce de la Russie et que l'on peut considérer comme la première grande société par actions ; l'*Eastland Company* (1579), pour le commerce de la Baltique, mais qui ne devait pas tarder à se heurter à la concurrence, bientôt victorieuse, des Hollandais ; la Compagnie du Levant (1581), qui ne se borna pas à la navigation sur la Méditerranée, mais qui, dès 1584, poussera jusqu'à Goa dans l'Inde ; la *Compagnie de la Baie d'Hudson*, qui devait se maintenir longtemps, et à laquelle le commerce des fourrures rapportait de beaux bénéfices.

On cherche aussi à pénétrer dans l'Extrême-Orient, à trouver un passage au Nord-Est. De là, les expéditions de Willoughby et de Chancellor, qui ont eu pour résultats la

55

découverte de la mer Blanche et l'établissement d'Arkangel. Mais c'est surtout la lutte contre les Espagnols qui fut féconde. À cet égard, rien n'est important comme les expéditions entreprises par Drake, de 1577 à 1580, en Amérique : il double le cap Horn, pille les côtes du Pacifique, puis, pour échapper aux flottes ennemies, fait voile vers l'ouest ; il rapporte en Angleterre un trésor d'au moins un million et demi de livres sterling, composé d'or, d'argent, de perles : somme énorme, si l'on considère surtout que l'expédition ne coûta que 5 000 l. et qu'elle ne comprenait que quatre petits bateaux, d'un tonnage total de 375 tonneaux, et montés par 160 hommes. Jusqu'à la fin du XVIe siècle, les corsaires anglais ne cessent de s'attaquer aux navires espagnols, aux ports et aux colonies de leurs ennemis ; la destruction de l'Invincible Armada, en 1588, accroît encore leur audace, et, en l'an 1600, les destinées maritimes de l'Angleterre se dessinent bien nettement.

Sans aucun doute, toutes ces expéditions maritimes contribuèrent puissamment à l'accumulation des capitaux chez les nations de l'Europe occidentale. Il est malheureusement impossible d'en déterminer numériquement la quantité, et l'indice le plus sérieux. que nous possédions, c'est la hausse des prix qui se manifeste dans tous ces pays. La conséquence, ce fut l'accroissement de leur puissance politique, et l'on s'explique que la France, l'Angleterre et la Hollande tiennent la première place en Europe, au XVIIe siècle.

8. Origine des sociétés par actions.

C'est aussi dans la seconde moitié du XVIe siècle et au début du XVIIe siècle que l'on voit se former des institutions économiques nouvelles, comme les sociétés par actions. L'Angleterre, à cet égard, a montré le chemin.

Il est vrai qu'en Italie, dès le moyen âge, on aperçoit l'existence de *societates*, qui ont affecté deux formes : l'une dans laquelle tous les associés prenaient part à la direction ;

l'autre, dénommée *commenda*, qui ressemblait aux sociétés en commandite, telles qu'on les trouve aujourd'hui en Angleterre (*limited partnerships*).

Les *Merchant adventurers*, qui apparaissent au début du XVe siècle, formaient une compagnie commerciale, une sorte de *gild*, comme il en existait déjà auparavant en Angleterre ; les marchands qui la composaient trafiquaient, chacun pour son pro- pre compte ; il s'agissait de capitaux individuels, et non de capitaux collectifs.

Ce fut seulement en 1553 qu'un certain nombre d'*adventurers* créèrent « la corporation et la compagnie de *merchant adventurers* pour la découverte de régions, domaines, îles et places inconnues » ; il s'agissait en fait de la Moscovie. Il ne pouvait plus être question pour eux de commerce individuel, car c'étaient de vraies expéditions, coûteuses et pénibles : il leur fallait pénétrer dans la mer Blanche et, après avoir abordé dans leur entrepôt d'Arkangel, parcourir des centaines de milles pour pénétrer au cœur de la Russie. Ils créèrent donc une véritable société, par actions, comprenant 240 actions, chacune de 25 livres sterling. Toutefois, la société était limitée à un seul voyage et les bénéfices, après chaque voyage, étaient partagés au *prorata* du capital que chacun des associés y avait placé. Ce fut seulement plus tard que les sociétés prirent un caractère permanent. Les sociétés anglaises, créées à la fin du XVIe siècle, ressemblèrent toutes encore à la Compagnie de Moscovie. Il était réservé, d'ailleurs, à la Hollande, de porter l'institution nouvelle à son plus haut degré de perfection.

Chapitre IV
Le capitalisme commercial et financier au XVIIe siècle

1. Destruction progressive du monopole commercial de l'Espagne en Amérique.

L'un des faits les plus significatifs qui marquent l'évolution du capitalisme au XVIIe siècle, c'est que, de plus en plus, les profits du commerce du Nouveau Monde échappent à l'espagne pour tomber entre les mains de puissances plus actives, de la Hollande, de l'Angleterre, de la France ; le monopole commercial de l'Espagne dans ses colonies s'effondre progressivement.

Si Amsterdam devient, au XVIIe siècle, le grand marché monétaire de l'Europe, c'est, en grande partie, la conséquence du grand commerce que les Hollandais font avec l'Espagne et surtout avec Cadix. Il avait été déjà actif pendant la guerre ; il le fut bien davantage encore après 1648 ; il l'emporte de beaucoup alors sur le commerce anglais et français. À la fin du siècle, 30 ou 50 bateaux hollandais font le transport des métaux précieux et espèces monnayées, et enlèvent plus de la moitié des stocks qui arrivent à Cadix ; depuis la guerre de Hollande, ils ont, dans une forte mesure, supplanté, le commerce français. C'est ce qu'indique très nettement fluet, l'évêque d'Avranches, dans ses *Mémoires sur le commerce des Hollandais* (édition de 1717, p. 105) :

« Les Espagnols ont beaucoup favorisé le commerce des Hollandais, autant qu'ils l'ont pu, particulièrement depuis l'année 1667, en vue de diminuer le nôtre, en quoi ils n'ont pas trop mal réussi. Mais le trafic des Hollandais n'a jamais été si florissant que depuis la guerre de Hollande de 1672 jusqu'au commencement de celle d'aujourd'hui [de la succession d'Espagne], car ils leur fournissaient une bonne partie des marchandises, que nous avions accoutumé d'y porter et en tiraient quantité des leurs, qu'ils avaient accoutumé de venir prendre en France avant cette guerre de 1672 et celle de 1690 ».

Le stock monétaire de la Hollande devient si considérable qu'elle peut exporter des métaux et des espèces monnayées, non seulement dans l'Inde, pour son trafic, mais dans divers pays de l'Europe, contrairement aux règles du système mercantile.

D'ailleurs, en dehors du commerce de Cadix, les Hollandais, les Anglais et les Français font, dans l'Amérique espagnole, dès le XVIe siècle, un *commerce interlope*, qui se développe encore au XVIIe et surtout dans la seconde moitié de ce siècle. On se l'explique si l'on songe, à l'étendue des côtes et à la vénalité des gouverneurs espagnols. Lorsque les Français, Anglais et Hollandais (après 1650) se furent établis dans les Antilles, voisines de l'Amérique, à la Martinique, à la Guadeloupe, à la Jamaïque, à Curaçao, le commerce de contrebande devint encore plus intense ; les Anglais et les Hollandais ont, d'ailleurs, à cet égard devancé les Français. En 1662, les galions espagnols trouvent les marchés de la, « terre ferme » de l'Amérique si bien pourvus qu'ils doivent remporter, sans l'avoir écoulée, la plus grande partie de leur chargement. Les étrangers arrivent en vue d'un port américain, demandent à y réparer leurs vaisseaux, séduisent par leurs présents le gouverneur, et le tour est joué. C'est ce qu'indique Huet, dans le même ouvrage (p. 112) :

« Les Hollandais ont même trouvé le moyen d'y trafiquer secrètement [en Amérique], ou, pour mieux dire, directement par le moyen de l'isle de Curaçao, qui n'est pas fort éloignée de la ville de Carthagène ; les marchands de cette fameuse ville et ceux de quelques autres de la côte maritime s'entendent avec les Hollandais, auxquels ils apportent leurs marchandises jusques dans leurs vaisseaux, pendant qu'ils sont à l'ancre en quelques endroits commode ; des côtes, dont ils font échange avec les marchandises de l'Europe ».

Puis, vers la fin du XVIIᵉ siècle, ce sont les mers du Sud, c'est-à-dire les côtes du Pacifique, qui attirent les convoitises des étrangers, et notamment des Français, surtout des Malouins, qui y font des bénéfices superbes, qui, en quelques années, en rapportent plus de 200 millions de livres. Enfin, le commerce des Philippines, qui procure d'énormes profits (montant parfois à 600 %), échappe aussi en partie à la métropole.

Ainsi, le monopole commercial que l'Espagne prétendait s'arroger dans ses colonies est à peu près ruiné, surtout au XVIIIᵉ siècle, lorsque les Anglais, au traité d'Utrecht, se sont fait donner l'*asiento*, c'est-à-dire le privilège de la traite des noirs, ainsi que le droit d'entretenir un *vaisseau de permission*.

D'ailleurs, si les Espagnols ont laissé couler entre leurs doigts ce Pactole, s'ils n'ont pas su profiter pour eux-mêmes ou, du moins, s'ils n'ont profité que dans une très faible mesure des ressources immenses de leur magnifique empire colonial, ce ne fut pas uniquement le résultat de leur incurie, de leur incapacité économique, de la corruption de leurs administrateurs, grands ou petits. Sans doute, il faut tenir compte aussi de la nature même de la péninsule hispanique, plus africaine qu'européenne, en partie infertile, divisée en compartiments naturels, entre lesquels les communications sont singulièrement difficiles. M. Jean Brunhes ne dit-il pas, dans sa thèse sur l'*Irrigation dans la péninsule hispanique*, que « les conditions géographiques condamnent l'Espagne, en une partie de sa surface, à une presque irrémédiable pauvreté agricole » ? Ce n'est pas seulement la psychologie du peuple espagnol, enclin à la paresse, adonné surtout, à la suite d'une longue croisade contre les Musulmans, au métier des armes, ce n'est pas seulement non plus l'expulsion des Maures et des Juifs qui expliquent son incapacité à mettre en valeur les immenses colonies qu'il avait conquises. Est-il absolument juste de parler de la décadence économique de l'Espagne ? Sa valeur économique n'a-t-elle pas toujours été faible ? Les productions du sol étant, dans l'ensemble, peu abondantes, l'industrie n'ayant pu que faiblement se développer, l'Espagne, même mieux gouvernée, n'aurait pas eu les moyens d'échange suffisants pour conserver la maîtrise de soit commerce avec les pays d'outre-mer. Quoi qu'il en soit, l'afflux des métaux précieux, qu'elle ne pouvait conserver et faire Servir à des fins économiques, lui a été, fatalement funeste.

2. La politique mercantile.

L'afflux des métaux précieux en Europe a eu pour conséquence de développer la politique mercantile, ou du moins a contribué à le faire. Cette politique triomphe partout au XVIIe siècle. C'est pour attirer le plus d'argent possible dans le royaume et empêcher le numéraire de s'écouler hors de France que Colbert institue si fortement soit système protecteur, qu'il lutte avec tant d'acharnement contre la prépondérance commerciale de la Hollande, qu'il s'applique avec tant d'énergie et de persévérance à créer des manufactures. Il le dit avec une parfaite netteté :

« Les manufactures produiront des retours en argent, ce qui est le seul but du commerce et le seul moyen d'augmenter la grandeur et la puissance de l'État. »

L'Angleterre avait d'ailleurs devancé la France, car ses Actes de navigation, de 1651 et de 1660, sont bien antérieurs aux fameux tarifs protecteurs de 1664 et de 1667. Colbert non plus n'a pas été le seul à vouloir faire diminuer le prix de la main- d'œuvre. En Angleterre comme en France, on s'efforce de faire baisser le taux de l'intérêt.

C'est que l'afflux du numéraire est considéré partout, non seulement comme une source de prospérité pour les particuliers, mais comme la condition essentielle de la puissance de l'État. L'Anglais Thomas Mun, dans sort *England's treasure by foreign* trade*, publié en 1664,* *déclare que c'est aux trésors des Indes qu'il faut attribuer la* puissance énorme des rois d'Espagne et de la maison d'Autriche ; Colbert ne pense pas autrement.

Cette conception mercantiliste, qui sera si vivement combattue au XVIIIe siècle par l'école libérale, avait, il faut bien le reconnaître, sa raison d'être au moment où le capitalisme commercial et financier en était encore à sa période adolescente, où les échanges commerciaux entre les puissances européennes étaient encore assez peu développés, où chaque État vivait encore, en quelque sorte, replié sur soi-même. Les progrès du commerce et du capitalisme auront précisément pour effet de ruiner ce système.

3. Prépondérance commerciale et financière de la Hollande.

Un autre trait caractéristique du XVIIe siècle, c'est que l'activité économique se déplace de plus en plus vers le Nord-Ouest.

La Hollande a été la première à se substituer aux anciennes grandes puissances maritimes, à l'Espagne et au Portugal, héritant surtout de l'empire colonial de ce dernier pays. Pendant tout le XVIIe siècle, elle exercera une véritable prépondérance commerciale. Elle symbolisera, en quelque sorte, le capitalisme commercial et financier, car l'agriculture et même l'industrie ne jouent qu'un rôle de second plan dans l'activité économique des Hollandais.

Grâce à la lutte contre la monarchie espagnole, ils ont acquis, aux dépens du Portugal, d'importants comptoirs dans l'Inde, puis les îles de la Solide et les Moluques.

La Hollande va donc cueillir directement dans les îles de l'Océan Indien les épices, si recherchées, et notamment le poivre, dont elle a le monopole. Seule, elle a pu avoir un établissement au Japon et elle a capté aussi une partie du commerce de la Chine, bien que le Céleste Empire ne se soit pas encore directement ouvert au commerce européen. Ses ports, et notamment Amsterdam, sont, pour les produits de l'Orient, les entrepôts où doit s'alimenter tout le commerce du monde.

En outre, malgré les efforts de l'Angleterre, la Hollande a, pour ainsi dire, le monopole du commerce de la Baltique, et notamment du commerce si important des blés, dont elle transporte la plus grande partie dans les pays du midi de l'Europe et même en France, aux époques de cherté. Elle est, pour le trafic français avec les pays du Nord, l'intermédiaire dont on ne peut se passer. Avec la France, l'Espagne, le Levant, son chiffre d'affaires est très considérable. Si la conquête du Brésil lui a échappé, elle a acquis, en Guyane, la colonie de Surinam, et la possession de l'île de Curaçao lui assure un poste nécessaire pour le commerce de contrebande en Amérique.

La supériorité de sa flotte, le trafic universel auquel elle se livre permettent à la Hollande d'avoir le fret le moins coûteux de l'époque. Puis, elle peut, avec ses propres ressources, établir un intense mouvement de circulation entre l'Extrême-Orient et tout le monde occidental ; il ne lui a manqué, que de s'implanter fortement en Amérique, pour défier, pendant longtemps, toute, concurrence. Ainsi s'explique l'étonnant succès de son *commerce de commission*, contre lequel Colbert a tenté de lutter, mais sans grand succès. Seules, les guerres de la fin du règne de Louis XIV commenceront à l'ébranler.

4. La Compagnie hollandaise des Indes Orientales et la Banque d'Amsterdam.

Cette grande puissance commerciale, jointe au stock monétaire qu'elle a accumulé, fait aussi de la Hollande la plus grande puissance financière de l'Europe. Il nous faut, à cet égard, considérer deux institutions fondamentales : la Compagnie des Indes Orientales et la Banque d'Amsterdam.

La première, fondée en 1602, avait reçu, pour dix-neuf ans, le monopole du commerce dans les Indes Orientales, monopole qui fut renouvelé régulièrement dans la suite. C'était bien le type de la société par actions. Son fonds primitif de 600 000 florins fut peu à peu grossi jusqu'à 6 300 000 florins. Les 2 100 actions, de 3 000 florins, valaient, en 1699, 16 950 florins, et les dividendes s'élevaient souvent à 15 ou même 25 %. La valeur des actions haussait suivant les fluctuations du commerce et les événements politiques. Ces actions donnaient lieu à des spéculations continuelles ; on les achetait non seulement au comptant, mais à terme, de sorte que, comme le dit le *Mémoire touchant le négoce et la navigation, des Hollandais*, de 1699, « sans avoir d'actions, ni même envie d'en acquérir, l'on en peut faire un grand négoce, et effectivement il n'y en a jamais eu de plus fort ». Et on peut le faire d'autant plus sûrement qu'au moyen de *primes* les risques deviennent presque insignifiants, se réduisant à 2 % : « il y a, ajoute le *Mémoire*, une infinité d'autres subtilités… Ceux qui s'en mêlent sont gens vifs et ardents, dont la plus grande obligation est d'alambiquer des nouvelles et inventer Mille moyens pour arriver à leur but ». Les fausses nouvelles sont déjà jeux de bourse fort en usage. Enfin, la Compagnie a émis aussi des *obligations*, pour une somme de 12 600 000 florins, et dont l'intérêt est de 3 1/2 %. Son administration est, pour ainsi dire, une administration d'État avec ses *directeurs*, son *Assemblée des Dix-sept*, son *général des Indes*, qui dirige sur place les affaires, et sa masse de fonctionnaires, grassement rétribués, ce qui ne les empêche pas souvent de commettre bien des malversations. En un mot, toute cette organisation de la Compagnie des Indes Orientales a servi de modèle à la plupart des compagnies de commerce privilégiées, créées dans les autres pays aux XVIIe et XVIIIe siècles.

Non moins caractéristique nous apparaît l'organisation de la Banque d'Amsterdam, fondée en 1608 par le Conseil de Ville et dont le siège se trouve à l'hôtel de ville ; elle a, par conséquent, le caractère d'une véritable institution d'État. C'est, en effet, sous l'autorité des magistrats municipaux qu'elle est régie par des officiers assermentés (gardes du Trésor, teneurs de livres, caissiers, etc.). Elle devait prendre la place des changeurs particuliers, dont les agissements étaient considérés comme nuisibles.

Le premier fonds de la Banque, dont on ignore, la valeur, a été constitué par de l'*argent de banque*, plus fort de 5 % que les espèces courantes, et dont les variations de valeur déterminent ce qu'on appelle l'*agio*. La Banque reçoit aussi en dépôt des espèces monnayées, que, d'ailleurs, elle ne garde pas toutes dans « sa cave », mais qu'elle fait fructifier ; elle tire profit aussi de son *lombard*, sorte de mont-de-piété, auquel les gagistes donnent de 6 à 20 % de la valeur des objets engagés.

Tous les négociants ont de l'argent en dépôt, un « compte en banque » ; il y eut presque toujours plus de 2 000 déposants : « Quand un particulier, dit le *Mémoire touchant le négoce, veut payer à compte de son fonds quelque partie à quelqu'un, il* doit porter un billet lui-même ou porter procuration par-devant les teneurs de livres à celui dont il veut se servir pour porter son billet ». Les lettres de change des pays étrangers sur Amsterdam et d'Amsterdam sur les pays étrangers se paient en banque ; de même, les transactions de la Compagnie des Indes Orientales ; et l'on remarque qu'une marchandise est vendue meilleur marché, quand le règlement se fait en banque.

La Banque d'Amsterdam n'émet pas de billets. Elle n'est pas non plus, à proprement parler, une banque de crédit, bien que, presque dès le début, elle ait fait de fortes avances à la Compagnie des Indes Orientales et même à la ville d'Amsterdam. On peut juger de sa puissance financière, si l'on considère que, dès la fin du XVIIe siècleet pendant presque tout le XVIII, son encaisse a dépassé 20 millions clé florins. À plusieurs reprises, elle a drainé une grande partie du numéraire de la France, notamment lors de l'inflation de 1720 et pendant la crise commerciale de 1763.

On s'explique alors le rôle énorme joué par la Banque d'Amsterdam dans les transactions commerciales : « Pour avoir du crédit, déclare le *Mémoire touchant le* négoce, *il faut avoir un compte en banque, et payer ou recevoir de cette façon, si l'on* veut se faire conserver un crédit ». En un mot, « cette banque est sans contredit la plus considérable qui ait jamais été, et il n'y a guère de particuliers en Europe, pour peu que son commerce s'étende vers ces provinces, qui n'y soit intéressé directement ou indirectement, souvent sans le savoir ».

On comprend donc qu'Amsterdam soit devenu, au XVIIe siècle, et doive, encore rester, pendant une bonne partie du XVIIIe siècle, le, grand marché, financier du monde. C'est, là que, se négocient le plus grand nombre de, papiers ; c'est là que s'établit le, cours des changes. Tous les commerçants ont toujours les yeux fixés sur la Hollande. Comme le dit W. Sombart, dans son ouvrage sur *Les Juifs et la vie économique*, c'est la Hollande qui a le plus contribué à « commercialiser » la vie économique, à rendre le crédit « impersonnel », condition indispensable pour l'extension et le triomphe du capitalisme, ainsi que pour la formation de la « mentalité » capitaliste.

L'exemple de la Hollande montre aussi l'étroite relation qui existe entre l'expansion du grand commerce maritime et l'apparition des phénomènes les plus caractéristiques du capitalisme : sociétés par actions, spéculations sur les valeurs de bourse, achat à terme, etc.

5. Rôle de l'Angleterre. Son expansion maritime et coloniale.

L'Angleterre est loin d'être, comme la Hollande, une puissance exclusivement commerciale. L'industrie, et notamment l'industrie drapière, on l'a déjà vu, y tient une très grande place. Mais, à cette époque, l'industrie contribue beaucoup moins à l'extension du capitalisme que le grand commerce maritime et colonial.

L'Angleterre, dès le début du XVIIᵉ siècle, commence à devenir une puissance coloniale. C'est aux dépens de l'Espagne que sont acquises les premières colonies anglaises des Antilles : on occupe les Barbades, en 1605, les Bermudes, en 1612, Saint-Christophe, en 1622-1624, possessions que complètera plus tard l'occupation de la Jamaïque. Et, en même temps, comme il est naturel, s'organise la traite négrière ; c'est en 1618 qu'est fondée, à cet effet, la Compagnie de Guinée. Il est vrai que les Anglais n'ont pu fonder de colonies dans l'Amérique du Sud, mais, dans l'Amérique du Nord, dès les dernières années du XVIᵉ siècle, ils se sont implantés en Virginie, en attendant qu'ils s'établissent dans la Nouvelle-Angleterre et qu'ils se fassent céder par la Hollande, en 1667, New Amsterdam, qui deviendra New York. Dès 1606, sont fondées les Compagnies de Londres et de Plymouth.

Dans la première moitié du XVIIᵉ siècle, les Anglais poussent aussi une pointe vigoureuse vers les Indes Orientales : en 1600, est fondée la première Compagnie des Indes Orientales, qui, dès 1622, se transforme en société par actions. Plusieurs comptoirs sont fondés dans l'Inde : Surate, en 1609 ; Madras, en 1639 ; Hougly, en 1650 ; Bombay, en 1665. Mais, dans les îles de la Sonde et dans les Moluques, ils se heurtent aux Hollandais, qu'ils ne parviennent pas à supplanter.

Il est vrai que, sous le règne de Charles 1er, puis à l'époque de la République, les troubles politiques ont eu pour effet de briser un peu l'élan de l'expansion maritime et coloniale de l'Angleterre, et la Hollande profite de ce fléchissement pour imposer au monde sa domination commerciale.

Mais la restauration des Stuarts marque une reprise de l'activité commerciale de l'Angleterre. Si les actes de navigation (Pacte de 1660 plus encore que celui de 1651) ont été plutôt défavorables aux colonies anglaises des Indes occidentales, ils ont, par contre, permis à l'Angleterre de se défendre contre la suprématie hollandaise. Sa grande rivale est, dans une certaine mesure, affaiblie par les guerres de l'époque dé Louis XIV, par la guerre de la Ligue d'Augsbourg, puis, surtout, par la guerre, de la Succession d'Espagne. Le traité d'Utrecht marque bien le début de la prééminence commerciale et maritime de l'Angleterre, l'annonce tout au moins. Déjà, en 1708, Chamberlayne, dans sa *Magnae Britanniae notitia*, disait, non sans quelque exagération : « notre commerce est le plus considérable du monde entier ». Rappelons qu'à Utrecht l'Angleterre obtenait le privilège de l'*asiento* et du *vaisseau de permission*, qui lui permirent de capter une grande partie du commerce de l'Amérique du Sud, au moment même où la France fut obligée de renoncer au commerce interlope sur la côte du Pacifique.

6. Progrès de son capitalisme financier..

La grande expansion maritime de l'Angleterre, à la fin du XVIe siècle et au XVIIe, donne un nouveau coup de fouet au capitalisme financier. Les compagnies de commerce privilégiées, dont il a été parlé plus haut, affectant toutes la forme capitaliste, sont organisées en sociétés par actions : tel est le cas de la Moscovy Company, des Compagnies de l'Est, de l'Afrique, etc. Mais c'est surtout la Compagnie des Indes Orientales, fondée au début du XVIIe siècle (presque, au même moment que la Compagnie hollandaise), qui fait faire de grands progrès à l'organisation capitaliste. Les parts de cette grande société par actions sont désignées par le terme de *capitaux* et non par celui de *stock*, comme c'était le cas chez les *merchant adventurers*. Ses dividendes, dès le début, sont fort élevés, dépassent 30 %. Les ventes des actions de la Compagnie des Indes, en Angleterre — comme en Hollande — donnent lieu à d'importantes spéculations. Les Compagnies fondées pour la mise en valeur des colonies américaines sont aussi de grandes sociétés par actions, dont le capital, en 1624, s'élève à 300 000 livres sterling (la Compagnie de Virginie, seule, représente 200 000 livres).

Ensuite, on remarque, dans l'évolution du capitalisme financier, un temps d'arrêt déterminé par la guerre, civile et par la dépression commerciale, qui en est la conséquence. Mais, avec la Restauration, commence, pour le commerce comme pour l'industrie, une période de renaissance et d'expansion, qui a sa répercussion financière. Le crédit se développe au point que, vers 1678-1680, le taux de l'intérêt s'abaisse à 5 et même à 4 %. Les grandes compagnies commerciales (d'Afrique, de la Baie d'Hudson) font des profits très considérables, et plus encore, la Compagnie des Indes Orientales, dont les dividendes s'élèvent à 380 %.

La guerre de la Ligue d'Augsbourg cause, il est vrai, de grandes pertes au commerce. Cependant, on voit naître, à la fin du XVIIe siècle, un grand nombre de compagnies nouvelles, dans l'industrie métallurgique, l'industrie textile, la fabrication du papier, etc. Puis, il y a un fait d'une importance capitale, et très significatif, la fondation d'une banque d'État, la Banque d'Angleterre, en 1694, création qui va assurer le crédit de l'État issu de la Révolution de 1688.

Au total, à la fin du XVIIe siècle, en Angleterre et en Écosse, on compte 140 sociétés par actions, dont le capital global s'élève à 4 250 000 livres sterling. Sur cette somme, 3 232 000 livres appartiennent à six entreprises : les Compagnies des Indes Orientales, d'Afrique, de la Baie d'Hudson, de New Rivier, la Banque d'Angleterre et la Million. Bank. — Fait très important : on observe une grande fluctuation dans le prix des actions : celles de la Compagnie des Indes Orientales, de 200 livres sterling, en

1692, descendent à 37, en 1697 ; pour la même période, les actions de la Compagnie d'Afrique tombent de 52 à 13 livres sterling, et de la Baie d'Hudson, de 260 à 80. Tel est l'effet de crises et surtout de spéculations de plus en plus intenses ; il est impossible d'y remédier, et même la condamnation d'un certain nombre de courtiers de bourse (*stock jobbers*) ne produit aucun effet.

7. Rôle relativement secondaire de la France.

En France, on assiste à des phénomènes analogues, mais d'une bien moins grande amplitude qu'en Angleterre. Toutefois, le capitalisme commence à se manifester même dans le commerce intérieur : on voit clairement les progrès accomplis par le commerce en gros, qui est entrepris par les « grossiers », les merciers et les drapiers. Jacques Savary, dans son *Parfait négociant*, se préoccupe surtout de ce commerce, en montre l'importance, insiste sur les difficultés et les risques qu'il comporte.

Les négociants qui ont pu se faire inscrire sur les tableaux des juridictions consulaires sont affranchis de toutes les charges pesant sur les communautés de métiers ; ils forment vraiment une classe nouvelle ; ils peuvent accéder à la noblesse :

En France, dit Jacques Savary, non seulement Louis XIII, par son ordonnance du mois de janvier 1627, permet aux marchands grossiers de prendre la qualité de nobles, mais encore Louis XIV… les déclare capables, sans quitter le commerce, d'être revêtus des charges de secrétaire du roi qui donnent la noblesse à ceux qui les possèdent actuellement ou qui les ont possédées vingt années, aussi bien qu'à toute leur ligne directe.

Ce sont ces marchands en gros, — et surtout les merciers —, qui amassent des capitaux considérables et tendent à sortir des cadres de l'organisation corporative. C'est clans leur classe que se recrutera, en partie, le personnel des compagnies de commerce privilégiées, des directeurs de manufactures. Rien d'étonnant qu'ils aient pris une grande part à la fondation de la Compagnie des Indes, que les souscriptions qu'ils aient données, en cette occasion, aient été fort importantes. Les merciers, qui vendent toutes sortes de marchandises (des toiles, des fils, des rubans, des galons, des ceintures, des broderies), se trouvent sans cesse en conflit avec d'autres corps de métiers, par exemple, avec les drapiers et les libraires, qui leur contestent le droit de vendre des alphabets et des almanachs ; ils seront aussi les premiers, plus tard, à fonder les magasins de nouveautés. Merciers et drapiers constituent l'aristocratie de la classe marchande ; à Dijon, dit M. Roupnel, « à cause de leur fortune, ils constituent, plus encore que les gens de profession libérale, le véritable lien entre la classe des privilégiés et celle des artisans ».

Le progrès du commerce se marque encore par le développement de l'esprit, d'aventure. Savary remarque qu'on est trop pressé, de s'établir à son compte, et souvent d'une façon imprudente :

Anciennement, l'on servait des douze ou quinze ou même vingt ans auparavant de reprendre le commerce pour son compte particulier ; aussi voyait-on moins de banqueroutes et de faillites en ce temps-là qu'en celui-ci, et l'on peut dire, sans exagération, qu'il s'est fait plus de faillites et de banqueroutes depuis trente ou quarante ans qu'il ne s'en était fait cent ans auparavant.

Et Savary insiste sur l'utilité d'un long apprentissage.

Le capitalisme ne joue cependant qu'un rôle secondaire dans le commerce intérieur. Dans les transactions qui s'accomplissent sur le territoire même du royaume, les denrées agricoles tiennent la première place, et surtout les céréales. Ainsi, en Languedoc, elles donnent lieu à un trafic d'environ 1 200 000 livres ; les vins jouent un rôle moins considérable qu'aujourd'hui ; on ne vend guère hors de la province que les vins de qualité supérieure et les eaux-de-vie. A noter aussi qu'au XVIIe siècle on n'accumule pas de stocks, comme on le fera plus tard. Enfin, remarquons que la plupart des villes, même des capitales de provinces, comme Dijon et Rennes, restent des marchés purement locaux.

8. Cependant, expansion du commerce maritime et colonial de la France.

C'est surtout dans le commerce extérieur que se manifestent les progrès du capitalisme, car ce commerce s'est notablement développé au XVIIe siècle, bien que, dans une certaine mesure, il ait été entravé par le système mercantile, antérieur à Colbert, mais que le grand ministre devait singulièrement accentuer.

Il est, d'ailleurs, un fait qui, à première vue, nous révèlerait l'importance croissante du commerce extérieur : c'est la place qu'il tient de plus en plus dans les relations internationales. Depuis 1670, les grandes guerres — non seulement la guerre de Hollande, mais aussi la guerre de la Ligue d'Augsbourg — ont été, en grande partie, provoquées par des rivalités économiques, et les clauses commerciales des traités de paix prennent une ampleur de plus en plus considérable.

Il faut le reconnaître, le commerce avec les puissances européennes profite plus à ces puissances qu'à la France

Le commerce avec l'Angleterre était très difficile à cause des vexations que les Anglais infligeaient à nos commerçants :

Il n'y a point de nation dans l'Europe, dit Savary, où les Français trouvent plus de difficultés à faire leur commerce et où ils soient plus maltraités qu'en Angleterre, et il n'y en a point aussi qui reçoivent et traitent plus favorablement les Anglais que les Français.

Le gouvernement anglais, pour protéger les manufactures de ses nationaux, frappait de droits prohibitifs les produits manufacturés français, de sorte que les Français ne pouvaient guère y exporter que leurs produits agricoles, et encore étaient-ce des bateaux anglais qui venaient charger à Bordeaux, La Rochelle ou Nantes le blé, le vin et les eaux-de-vie de notre pays. Le commerce avec la Hollande était sans doute très important, mais il se faisait presque uniquement par des bateaux hollandais. Le commerce avec les villes hanséatiques, relativement prospère, le commerce avec la Moscovie se faisaient aussi par l'intermédiaire des Hollandais. Bien que Colbert eût créé, en 1669, une Compagnie du Nord, qui devait faire ce trafic, les commerçants français continuaient à confier leurs marchandises aux étrangers, et on ne parvint même pas à établir des relations directes avec le Brandebourg.

Le commerce avec l'Espagne (l'un des meilleurs clients de la France) se trouvait aussi, en grande partie, entre les mains des Hollandais ; cependant des vaisseaux nantais et malouins, en assez grand nombre, se rendaient en Espagne, surtout à Bilbao et à Cadix.

Le commerce du Levant paraît avoir été plus favorable aux négociants français, du moins dans la seconde moitié du siècle, car il y avait eu, jusqu'en 1660, une profonde décadence. Colbert contribua à son relèvement en établissant la franchise du port de Marseille. Il est vrai que la création de la Compagnie du Levant ne donna pas les résultats que le ministre en attendait ; mais le commerce libre, se développa beaucoup à la fin du siècle. Si les Anglais restent au premier rang, les Français l'emportent sur les Hollandais ; en 1713, les marchandises du Levant débarquées à Marseille représentent 11 millions de livres ; près de 300 navires font ce trafic et partout, dans les ports de l'Empire Ottoman, on trouve des marchands et des consuls français.

C'est encore le commerce maritime et colonial qui procure les plus grands profits. Et c'est pour ce trafic que l'on recourt, pour la première fois, à de grandes compagnies par actions. On pensait, en effet, — et non sans raison, étant donnée la situation économique et politique de l'Europe —, que, seules, des compagnies de cette sorte pouvaient l'entreprendre. On songeait au succès des Compagnies des Indes anglaise et hollandaise, aux dividendes qu'elles distribuaient. Puis, pour des expéditions coûteuses, et qui comportaient de grands risques, on estimait que les capitaux individuels seraient insuffisants.

C'est pourquoi Colbert, dès 1664, s'efforce de créer les Compagnies des Indes Orientales et des Indes Occidentales, mais il ne parvient que difficilement à recueillir les capitaux nécessaires. Si la Compagnie des Indes Orientales, malgré de grandes difficultés, donna des résultats appréciables, la Compagnie des Indes Occidentales réussit si peu qu'en 1674 on dut livrer les Indes Occidentales (le Canada, l'Acadie) au commerce libre. La Compagnie du Sénégal, créée en 1673, malgré le trafic des nègres, ne fit que de très médiocres affaires. En somme, les négociants préféraient la liberté du commerce, comme le montrent les déclarations des députés du commerce en 1701, et les colons partageaient leurs sentiments. La concentration commerciale ne pouvait s'établir que malaisément en France.

La politique commerciale de Colbert a, en grande partie, échoué ; on n'est pas parvenu à supplanter les Hollandais, comme le montrent, par exemple, les tentatives infructueuses faites par le ministre pour enlever la suprématie qu'ils possédaient dans le commerce du sucre. Cependant, c'est au commerce colonial que vont de préférence les capitaux dont peuvent disposer les négociants. On se l'explique aisément : ce commerce procure les denrées tropicales si recherchées (sucre, épices, tabac, café) et sert de débouché aux produits de la métropole. Savary a exprimé très nettement les conceptions, non seulement de Colbert, mais de beaucoup de ses contemporains, lorsqu'il a écrit :

Il est certain que ce commerce est plus avantageux aux négociants, au public et à l'État, que pas un de ceux qui se font sur nier par des voyages au long cours, en ce qu'on porte dans tous ces pays, chaque année, pour plus de 4 millions de livres de marchandises et denrées superflues en ce royaume, par la trop grande abondance qu'il y en a, et que l'on rapporte en France pour plus de 6 millions de livres, qui augmentent le revenu de l'État par les droits d'entrée et qui sont vendues et distribuées au public à la moitié moins de ce que les étrangers les vendaient avant l'établissement de la Compagnie d'Occident.... toutes lesquelles marchandises ne font aucun tort à pas une des manufactures du royaume. Et, ce qui est digne d'une grande réflexion, c'est que l'on n'envoie pas d'argent ou très peu dans lesdits pays, au lieu que, pour faire le commerce dans le Nord, sur la Baltique, en Moscovie et dans les Indes Orientales, il en faut nécessairement porter ; autrement l'on n'y pourrait réussir.

Les Antilles françaises (Saint-Domingue, la Martinique, la Guadeloupe), qui se sont rapidement développées dans la seconde moitié du XVIIe siècle, donnent lieu à un trafic fort important : on y envoie des vins, des eaux-de-vie, de la viande salée, des morues, des harengs, de l'huile, du fromage, du fer, des étoffes de laine, des toiles, de la mercerie ; on en rapporte du sucre, du tabac, du café, , du coton. Ce commerce, auquel il faut joindre le plus lucratif, la traite des nègres, commence à enrichir les négociants de Bordeaux, de la Rochelle, de Rouen, de Nantes et même de Saint-Malo. Ces marchands veulent se réserver le monopole du commerce des « îles d'Amérique », mais, malgré, tous les efforts de Colbert, les Anglais et les Hollandais, — les Anglais surtout, qui peuvent difficilement se passer des produits des Antilles françaises —, parviennent à déjouer toutes les mesures prises par le gouvernement français.

D'ailleurs, — et il n'y a pas de meilleure preuve des progrès du capitalisme commercial, — le moment est veau où les monopoles commerciaux sont partout menacés. Après s'être adressée à des entrepreneurs anglais et hollandais, l'Espagne livre le privilège de la traite négrière à la Compagnie, française de Guinée, en 1701.

À la fin du XVIIe siècle, c'est le marché du Pacifique qui tente tes armateurs étrangers, et surtout les Malouins.

Ceux-ci essaient de s'emparer de ce marché si important, où ils pourront écouler, avec des profits de 40 à 50 % au minimum, les toiles de Normandie et de Bretagne, les draps, les soieries de Lyon et de Touraine, les dentelles, les chapeaux de castor, les bas de laine et de soie, la mercerie, la quincaillerie, le papier. C'est alors qu'on voit des hommes d'affaires, comme Jourdan de Grouée, des armateurs, comme Noël Danycan, armer des vaisseaux pour les côtes du Pacifique : en 1706, trois bateaux de Danycan réalisent 350 % de bénéfices. Bien qu'au traité d'Utrecht le privilège de l'*asiento* ait été donné à l'Angleterre, les armateurs français, les Malouins surtout, continuent dans les colonies espagnoles, pendant quelques années, le commerce interlope, qui leur rapportait de si beaux bénéfices. On va voir, à Saint-Malo, Magon de la Balue, faire le trafic, le plus lucratif avec les colonies espagnoles. Il reçoit en dépôt l'argent de bien des particuliers, — et notamment d'un président du Parlement de Dijon —, qu'il fait fructifier dans ses entreprises d'armement. La place de Nantes ne se développe pas moins. En 1664, le port ne comptait encore qu'une quarantaine de bateaux à deux ponts, presque exclusivement occupés à la pêche de la morue, et une centaine de barques à un pont, faisant le commerce en Espagne, en Angleterre, en Hollande. En 1715, Nantes se livre, déjà à un énorme trafic en Guinée, dans les îles d'Amérique, et beaucoup de ses armateurs Sont devenus puissamment riches.

C'est cette classe des armateurs qui, dès maintenant, compte au premier rang des capitalistes de l'époque. Au siècle suivant, on les verra participer souvent à de grandes entreprises industrielles, concurremment avec des gens de finance ; tel, ce Noël Danycan, dont nous venons de parler, qui se fera donner le privilège des mines de Bretagne et de Bourbonnais.

9. Faiblesse de l'organisation financière..

Il apparaît nettement que l'évolution du capitalisme a été bien moins rapide en France qu'en Hollande et en Angleterre. En veut-on une autre preuve ? Les sociétés par actions sont moins nombreuses et moins fortement constituées. Celles que l'on a fondées dans la seconde moitié du XVIIe siècle ont été créées, d'une façon artificielle, par Colbert. Aussi n'est-il pas étonnant que Jacques Savary recommande surtout la formation de sociétés en commandite, grâce auxquelles les entreprises commerciales pourront se procurer des capitaux considérables. Des sociétés en nom collectif semblent aussi s'être constituées ; Savary déclare, en effet :

« Dans les lieux où il y a des manufactures considérables, comme à Paris, Lyon, Saint- Chamond, Tours, Sedan, Amiens, Châlons, Reims, Rouen, Laval et autres villes du royaume, il y a plusieurs négociants associés qui font le commerce des matières premières qui y sont nécessaires, qu'ils vendent aux ouvriers, et qui achètent d'eux des marchandises qu'ils ont manufacturées pour les vendre ensuite à ceux des autres villes qui les vont acheter sur les lieux, ou qui leur en donnent la commission. »

Autre fait significatif : la faiblesse du régime bancaire. Seule, la place de Lyon reste encore un grand marché de capitaux (bien que relativement moins important qu'au XVIe siècle), ce qui facilite les relations avec l'Italie. Les banquiers de Lyon s'occupent tout à la fois du change des monnaies, du commerce des métaux précieux, servent d'intermédiaires pour les paiements, reçoivent des dépôts, font l'escompte.

À Lyon, les règlements de compte, les « virements de partie » s'opèrent toujours, comme au XVIe siècle. Le Mémoire de l'intendant d'Herbigny, de 1697, nous les décrit d'une façon très précise :

« Les quinze premiers jours après l'ouverture des paiements se passent à concerter entre les créanciers et les débiteurs, ou directement les uns avec les autres, ou par l'entremise des courtiers de change, la manière du paiement, c'est-à-dire si l'on

77

continuera le billet, ou s'il se paiera soit en écriture, soit en argent comptant. Les derniers quinze jours, les paiements se font en écritures, par virements de partie, c'est-à-dire par compensation. Pour cela, tous les marchands et autres portant bilan se trouvent dans la loge du change depuis dix heures du matin jusqu'à midi, et par la confrontation des bilans, voyant réciproquement leurs débiteurs et leurs créanciers, ils ajustent si bien les compensations qui se rencontrent à faire des uns aux autres, qu'il y a tel paiement où il se solde pour 20 millions d'affaires et où il ne se débourse pas 100 000 écus comptant.

Mais, partout ailleurs, l'organisation bancaire reste très défectueuse ; on ne peut guère envoyer directement de traites qu'en Angleterre. Pour les autres pays, on est obligé, de s'adresser à la Banque de Hambourg et surtout à celle d'Amsterdam, qui a, nous le savons, une primauté incontestée. Voilà l'une des raisons qui nous expliquent que, suivant la remarque de M. Henri Hauser, pendant tout le règne de Louis XIV, « le change français ait été constamment un change déprécié ». Cette constatation éclaire singulièrement la condition économique de la France au XVIIe siècle.

Notons encore, qu'au XVIIe siècle les *bourses* sont peu nombreuses. La Bourse de Paris n'existe pas encore. Lyon, où, dès la première moitié du XVIe siècle, les négociants et banquiers avaient obtenu le droit de régler leurs affaires sur la place du Change, a édifié un bâtiment spécial pour sa bourse, de 1630 à 1653, et, au cours du XVIIe siècle, plusieurs règlements, notamment le règlement de 1667, fixent le mode de régler les paiements, donnant ainsi le modèle, qui sera suivi par le *Clearing House* de Londres.

10. Aspect particulier du capitalisme en France : les gens de finance et leurs tractations.

Si le capitalisme joue en France un rôle bien moins important qu'en Hollande et qu'en Angleterre, ne faut-il pas, en grande partie, en chercher la raison dans la place que tiennent en notre pays les gens de finance, (font l'activité consiste surtout à profiter des embarras du Trésor royal et à s'engraisser à ses dépens ?

Cette classe des gens de finance est fort nombreuse. Il faut y comprendre les trésoriers royaux, qui vraiment abondent, car il y a multiplicité de caisses, que Necker s'efforcera, le premier, de réduire, en 1778 et 1779. Puis, ce sont les trésoriers des pays d'États, notamment de Bretagne, et de, Languedoc, véritables banquiers de leur province, et aussi du Roi, grands manieurs d'argent, comme les Harouys et les Creissel, et qui parfois font de retentissantes faillites.

Non moins nombreux sont les receveurs, de toute catégorie : receveur général dans chaque généralité ; receveurs des tailles, dans chaque élection ; receveurs des décimes, des pays d'États, de la ferme générale, des consignations, etc. Nombreux encore les payeurs de rentes (car chaque espèce de rentes a les siens), les payeurs de gages des Cours souveraines. Que l'on étudie une ville, en particulier, et l'on voit combien abondent les officiers de finance, qui y résident ; ils comptent parmi les habitants dont le taux de capitation est le plus élevé ; tel est le cas à Rennes, au XVIIIe siècle : agents des domaines, receveurs des fouages, directeur des vivres, employés des devoirs, officiers de la monnaie ont tous des cotes très élevées, et le receveur des domaines est même taxé à 600 livres.

Tous ces officiers de finance, auxquels il faut joindre les fermiers généraux, dont l'importance ne cesse de croître, ne se contentent pas de remplir leurs fonctions ; ils s'occupent d'affaires, ils trafiquent avec les deniers de l'État.

Ils rentrent, en un mot, dans la classe, aussi opulente que honnie, de ceux qu'on appelle les *traitants* ou *partisans*, qui, moyennant des avances au Trésor royal, se font donner le droit de percevoir tel ou tel impôt, ou de trouver des titulaires pour les nombreux *offices* de toutes sortes, que crée le pouvoir royal, notamment dans la dernière partie du règne de Louis XIV.

Tous ces traitants s'occupent, comme l'on dit, des *affaires extraordinaires*, dont le gouvernement royal ne saurait se passer, car les anciens impôts ne suffisent plus à ses besoins. Les bénéfices qu'ils réalisent aux dépens du Trésor sont énormes. Même à l'époque de Colbert, sur une aliénation de 14 420 000 livres, les traitants se font accorder 1 320 000 livres, sans compter la remise d'un sixième, soit 2 333 000 livres ; au total, près d'un sixième. À en croire Boulainvilliers, de 1689 à 1709, sur des traités d'un milliard, 266 millions restèrent entre leurs mains ; ici, c'est le quart, mais c'est que leurs exigences croissaient avec les embarras des finances publiques, En 1694, après cinq ans de guerre, Vauban estimait que les partisans avaient gagné environ cent millions.

C'est que l'on ne pouvait se passer de l'entremise de gens qui détenaient de forts capitaux. Et, il faut bien le dire, des financiers, comme Samuel Bernard, comme les Crozat, ou encore comme Le Gendre, ont rendu de grands services, aux moments les plus critiques de la Guerre de la Succession d'Espagne ; Samuel Bernard risqua plusieurs fois une ruine complète.

D'ailleurs, les *munitionnaires* et les trésoriers de guerre sont encore plus âpres au gain, s'il est possible, et spéculent trop souvent sur la famine. N'oublions pas que c'est grâce aux fournitures de guerre qu'ont commencé à édifier leur fortune les frères Pâris, qui seront peut-être les plus gros capitalistes du XVIIIe siècle.

Fait significatif : la plupart des banquiers de l'époque, — parmi lesquels on peut citer de Meuves, Hoggers, Samuel Bernard lui-même —, se sont beaucoup plus occupés de crédit public que de transactions commerciales.

Sans doute, comme le montrent MM. Germain Martin et M. Bezançon dans leur remarquable ouvrage sur l'*Histoire du crédit en France sous le règne de Louis XIV*, nombre de ces financiers ont sombré, au cours de leur carrière, ont connu de cruelles déconfitures ; parfois aussi (rarement), on leur « a fait rendre gorge ». Mais plus nombreux encore sont ceux qui ont fait souche de nobles familles, comme ce Béchameil, dont le fils, Béchamel de Nointel a été ambassadeur de Constantinople et intendant de Bretagne.

Dans quelle mesure ces capitaux accumulés par les gens de finance ont-ils servi l'expansion du capitalisme commercial et industriel ? C'est ce qu'il est malaisé de voir avec précision. Sans doute, on trouve des financiers parmi les commanditaires des armateurs, comme les Magon de Saint-Malo, ou parmi les actionnaires des premières grandes entreprises industrielles, notamment des compagnies minières ou des exploitations houillères ; Pâris-Duverney, par exemple, a donné beaucoup d'argent pour l'exploitation de la mine de plomb argentifère de Pontpéan.

Cependant, beaucoup de ces richesses, si rapidement acquises, ou bien se sont dissipées en dépenses de luxe, ou bien ont servi à l'acquisition de propriétés foncières ou de seigneuries.

Beaucoup de capitaux aussi se sont, en quelque sorte, immobilisés dans les charges parlementaires, si coûteuses au XVIIe siècle, ou dans les innombrables offices créés par le pouvoir royal.

D'autres capitaux échappent à la circulation de la vie économique ; ce sont les rentes, qui vont en s'accroissant sans cesse depuis le XVIe siècle. Déjà, en 1589, on compte 3 428 000 livres de rentes sur l'Hôtel de Ville. Le pouvoir royal ne cesse d'en créer de nouvelles, quitte à opérer des *réductions* ruineuses pour les rentiers, sans compter les « retranchements de quartiers ». Colbert se vantait des réductions qu'il avait opérées : en 1670, il avait ainsi diminué les rentes d'un tiers. Mais, après lui, ce furent d'incessants emprunts et aussi de constants manquements de parole aux dépens des malheureux rentiers. En 1789, on comptait 62 millions de rentes perpétuelles sur le Trésor royal ; mais les rentes sur le clergé (beaucoup plus sûres que les rentes sur l'État) se chiffraient par 149 millions, et il y avait aussi des rentes sur les États provinciaux, au taux modéré de 4 à 5 %, parce qu'elles offraient assez de sécurité.

De ce qui précède, on peut conclure que l'extension des « affaires de finance », le nombre des charges et offices, la quantité des rentes ont contribué à retarder, en France, l'expansion du capitalisme commercial et industriel.

Chapitre V

L'expansion du capitalisme commercial et du capitalisme financier au XVIIIe siècle

Le XVIIIe siècle, — la première moitié du siècle, du moins -, ne marque pas une période nouvelle dans l'histoire du capitalisme : c'est toujours le capitalisme commercial qui est prédominant. Seulement, l'accumulation des capitaux devient si considérable qu'elle prépare des transformations nouvelles.

1. Décadence économique de la Hollande.

C'est maintenant l'Angleterre, qui, au point de vue économique, tient le premier rang ; elle rejette la Hollande au second plait.

La décadence de la Hollande ne s'accomplit que d'une façon progressive et lente ; elle ne se marque très nettement qu'après 1730 et surtout après 1750, bien qu'on en puisse apercevoir les signes avant-coureurs dès le premier tiers du XVIIIe siècle. Les causes de cette décadence méritent d'attirer particulièrement l'attention de l'historien et du sociologue. Sans doute, les guerres de l'époque de Louis XIV ont déjà, dans une certaine mesure, affaibli la grande puissance maritime. Mais la cause essentielle est plus profonde. Il faut considérer que la Hollande ne dispose que d'un territoire restreint, aux produits naturels peu abondants et peu variés, que sa production industrielle ne contribue qu'assez faiblement à alimenter son commerce et qu'elle diminue encore au XVIIIe siècle, car les pays détenteurs de matières premières en défendent de plus en plus l'exportation, dans l'intérêt de leurs propres manufactures.

Le commerce hollandais est presque exclusivement un *commerce de commission*, extrêmement prospère, il est vrai ; mais de grandes puissances aux produits variés, comme l'Angleterre et même, dans une moindre mesure, comme la France, devaient finir par l'emporter sur la Hollande. À la fin du XVIIIe siècle, l'Angleterre combat victorieusement soit activité commerciale, même dans la Baltique. Il est vrai qu'Amsterdam reste encore longtemps le grand marché financier de l'Europe, grâce à son énorme stock monétaire, à sa puissante organisation bancaire ; dans cette ville se négocient les lettres de change, les « papiers » de l'Europe tout entière ; à sa Bourse sont cotées toutes les valeurs mobilières. Cependant, dès la seconde moitié du XVIIIe siècle, la place de Londres, même au point de vue financier, tend à supplanter Amsterdam.

2. Prépondérance maritime et expansion commerciale, de l'Angleterre.

C'est qu'en effet, au cours du XVIIIe siècle s'affirme la Prédominance maritime et coloniale de l'Angleterre. Il n'est pas besoin d'insister longuement sur la lutte victorieuse qu'elle a engagée contre la France en Amérique et dans l'Inde. À ce point de vue, le traité de Paris, de 1763, marque une des dates les plus importantes de l'histoire universelle. Le triomphe de l'Angleterre en Amérique, que la guerre de l'Indépendance va rendre éphémère, a une portée bien moindre que sa mainmise sur l'Hindoustan, qui est la porte de l'Extrême-Orient, l'une des étapes d'un commerce, qui est destiné à un si grand avenir.

L'évolution du capitalisme en Angleterre a été déterminée, non seulement par ses progrès coloniaux, mais aussi par l'importance croissante de son commerce extérieur au cours du XVIIIe siècle. Le tonnage de sortie, qui était de 317 000 tonneaux, en 1700, et de 448 000, en 1714, s'élève à 661 000, en 1751, à 959 000, en 1783, enfin, à 1 958 000, en 1821; le commerce extérieur, représenté par le chiffre de sept millions et demi de livres sterling en 1700, atteint 14 millions en 1801. Les importations, qui ne figuraient que pour 6 millions de livres sterling, en 1715, s'élèvent à 16 millions, en 1785, et à 30 millions, en 1800. Et, fait significatif, la courbe des exportations est plus forte que celle des importations.

On voit bien nettement aussi qu'au XVIIIᵉ siècle, c'est le capitalisme, sous sa forme commerciale, qui joue le rôle prépondérant. M. Mantoux, dans sa *Révolution industrielle au XVIIIᵉ siècle*, a montré fortement que les exportateurs sont « les excitateurs de l'industrie ». En ce qui concerne l'industrie drapière, l'influence des ports de Bristol, Yarmouth, Hull n'est pas douteuse. Les fabricants de quincaillerie de Birmingham, ne disposant, encore que d'un outillage fort simple, ne semblent pas très actifs ; ce sont les exportateurs qui les stimulent, et qui plus tard (tel, Matthew Boulton, de Soho) dirigeront la production. C'est, d'autre part, l'importation des matières premières de l'Extrême-Orient qui suscitèrent les industries nouvelles du coton et de la s'oie.

Sans aucun doute, c'est à la croissance des centres commerciaux qu'il faut attribuer le développement des centres industriels. Liverpool, qui, avant le XVIIᵉ siècle, n'était qu'un village de pêcheurs, commence à devenir un grand port au XVIIᵉ siècle, « une des merveilles de la Grande-Bretagne », affirme Defoë. Le tonnage du port, de 27 000 tonnes en 1700, s'élève à 140 000 en 1770 ; sa population, de 5 000 habitants en 1700, atteint déjà plus de 34 000 âmes en 1773. Le commerce de Liverpool a grandi, grâce à ses relations avec les colonies, grâce à l'importation des denrées coloniales (sucre, café, coton) et surtout grâce à la traite négrière ; Liverpool est essentiellement un entrepôt (comme Nantes l'est en France), à un moment où l'industrie cotonnière du Lancashire n'est pas encore très développée ; celle-ci doit surtout sa naissance aux progrès du grand port voisin. L'extension des marchés exerce une influence prépondérante sur toute l'activité économique.

L'importance extraordinaire du commerce a frappé les observateurs étrangers, et notamment Voltaire, qui, dans sa Xe Lettre philosophique, a justement remarqué :

« C'est uniquement parce que les Anglais sont devenus négociants que Londres l'emporte sur Paris pour l'étendue de la ville et, le nombre de citoyens ; qu'ils peuvent mettre en mer 200 vaisseaux de guerre et soudoyer des alliés… Tout cela donne un juste orgueil à lin marchand anglais et fait qu'il peut se comparer, non sans quelque raison, à un citoyen romain.

3. Épanouissement du capitalisme financier en Angleterre.

Cette expansion si remarquable du grand commerce maritime et colonial a eu pour conséquence naturelle l'épanouissement du capitalisme financier. Il nous est révélé par quelques faits très frappants. La Banque d'Angleterre, dont le capital, fixé primitivement à 1 200 000 livres sterling, et qui, en 1697, s'était élevé à 2 200 000 livres, atteint, en 1710, le chiffre de 5 559 000 livres. La Banque d'Écosse, très florissante, donne 20 % de dividende à ses actionnaires. Il y eut, il est vrai, en 1708, une crise très grave ; trente sociétés par actions ont cependant survécu. Et bientôt, ce fut une nouvelle poussée de spéculations, comme on n'en avait jamais vu jusqu'alors.

C'est ici que se place l'épisode fameux de la *South Sea Company*, créée en 1711, au capital nominal de 9 millions de livres. Son organisation, très analogue à celle de la Compagnie d'Occident de Law, donna lieu, exactement à la même époque, c'est-à-dire en 1719 et 1720, à des spéculations aussi insensées.

Notons, d'ailleurs, qu'à ce moment même il se crée un grand nombre de sociétés ayant pour objets la pêche, les mines, les travaux des ports, les manufactures, sans compter un grand nombre d'autres entreprises plus ou moins chimériques.

De janvier à mai 1720, les actions de toutes ces sociétés montent dans les proportions suivantes :

Pour la Banque d'Angleterre	....	de 36 %
Pour la Compagnie des Indes	....	de 34 %
Pour la *South Sea Company*	....	de 225 %
Pour l'*African Company*	....	de 300 %

En mai, les actions de la *South Sea* s'élèvent à 600 %, et, en juin, à 1050 ; ce fut, pour elle, comme pour les autres sociétés, le *maximum* de l'inflation. Comme il était naturel, ce *boom* devait aboutir à un rapide effondrement : en septembre 1720, se produisit la panique, à la suite de laquelle toutes les actions des sociétés baissèrent dans une effrayante proportion. Ainsi se termina *the South Sea Bubble*, l'escroquerie de la mer du Sud. La *South Sea* fut comme le symbole de toutes ces nouvelles sociétés par actions, de tous les booms qui se produisirent à ce moment. Mais les conséquences de ce krach furent moins désastreuses que celles de la faillite de Law ; au bout de quelques années, en Angleterre, on en revint aux entreprises capitalistes, grâce auxquelles tant de commerces nouveaux et fructueux ont pu être tentés.

Ainsi, dès le premier tiers du XVIIIe siècle, en Angleterre, se manifestent tous les caractères du capitalisme moderne : la fièvre des spéculations, des jeux de bourse, les crises succédant à des périodes prospères. La Hollande, dès le XVIIe siècle, avait déjà connu tous ces phénomènes, mais peut-être sur une moins grande échelle.

Un fait caractéristique encore, c'est la création des compagnies d'assurances capitalistes. L'assurance maritime existait, depuis bien longtemps (dès le moyen-âge, en Italie), mais c'est seulement dans la période de la South Sea, en Angleterre, qu'aux assureurs individuels vinrent faire concurrence deux compagnies par actions, la *London Company* et le *Royal exchange*. Au même moment se développent l'assurance sur la vie et l'assurance contre l'incendie ; en 1706 est créée la *Company of London insurers*, qui assure non seulement les maisons, mais les marchandises, et, en 1714, est fondée *The Union or Double hand fire office*. On voit même se créer des assurances sur les mariages. Remarquons, en effet, le lien qui existe entre l'assurance et le jeu, la spéculation ; si l'assurance est une garantie de sécurité pour celui qui la contracte, il y a pour l'assureur, surtout en matière maritime, un « risque », suivant le mot usité à cette époque. Le développement des assurances est l'un des phénomènes qui caractérisent les progrès du capitalisme.

Ainsi, l'on voit comment et pourquoi, en Angleterre, le capitalisme financier prenait une consistance de plus en plus grande. Bientôt, Amsterdam ne sera plus la seule place disposant d'un énorme stock monétaire. L'Angleterre, après le traité de Methuen, de 1703, reçoit du Portugal beaucoup d'or venant du Brésil ; elle se constitue ainsi de grandes réserves de métaux précieux et tend, dans la seconde moitié du siècle, à succéder à Amsterdam comme capitale de la finance internationale. Cependant, l'Angleterre n'a pas une organisation bancaire aussi développée que la Hollande ; jusque vers la fin du XVIIIᵉ siècle, il existe encore peu de banques provinciales ; ce fut même une gêne, pour la grande industrie, à ses débuts. Bien des négociants se livraient encore accessoirement à des opérations de banque.

4. En France, les progrès du capitalisme sont moins intenses et plus lents.

Le développement du capitalisme en France, même au XVIIIᵉ siècle, est bien plus lent qu'en Angleterre. On se l'explique si l'on songe que le commerce extérieur et surtout le commerce maritime et colonial y sont beaucoup moins florissants.

Le commerce avec l'Espagne, surtout avec Cadix, est encore considérable, mais il fléchit dans la seconde moitié du XVIIIᵉ siècle ; Le commerce avec la Hollande n'a plus l'importance qu'il avait connu au XVIIᵉ siècle. Par contre, les transactions avec l'Italie et avec l'Allemagne se développent sensiblement, ainsi que le trafic avec les pays du Nord, mais celui-ci se fait toujours par l'intermédiaire des Hollandais. Le commerce avec l'Angleterre est toujours gêné par les droits de douane, qui seraient presque prohibitifs sans la contrebande. Par contre, le commerce avec le Levant, comme le montre M. Paul Masson, est toujours florissant, quoi qu'on ait prétendu, puisqu'à la veille de la Révolution, l'importation se chiffre par 36 millions de livres, et l'exportation par 28 millions.

En France, comme en Angleterre, c'est le commerce colonial qui, au XVIIIᵉ siècle, se trouve toujours au premier plan. La Compagnie des Indes, reconstituée après la chute du système de Law, en 1723, fait encore un commerce considérable avec l'Inde et le Japon, puisque, dans la période de 1743 à 1756, ses bénéfices s'élevaient à environ 72 millions de livres par au. Mais la guerre de Sept Ans, puis le traité de Paris lui portent un coup mortel : en 1768, ses bénéfices tombent à 18 millions, ce qui explique sa suppression, en 1769. La perte du Canada, encore assez peu développé, fut beaucoup moins sensible.

Mais le commerce avec les Antilles, comme la colonisation de ces îles, ne cesse de se développer au XVIIIᵉ siècle et il est très florissant à la veille de la Révolution ; la consommation des denrées coloniales (du sucre, du café, du tabac et, dans la seconde moitié du siècle, du coton) s'accroît très sensiblement. En 1716, le commerce avec les Antilles, qui, en 1716, ne s'élevait qu'à 26 millions de livres, atteint, en 1788, le chiffre, très considérable pour l'époque, de plus de 260 millions ; la traite négrière seule occupe plus de 2 000 navires. Ainsi s'explique la grande prospérité des ports de l'Atlantique, de

Bordeaux, de Nantes, et les progrès si marqués du Havre ; on comprend aussi que Marseille ne se limite plus à la Méditerranée et prenne une importance mondiale.

Si l'on considère encore que le commerce extérieur de la France a quadruplé de 1715 à 1789, qu'en 1788, il dépasse la valeur d'un milliard de livres, on conclura que c'est surtout au grand commerce maritime et colonial que l'on doit l'accumulation des capitaux, qui permettra d'entrevoir l'aube d'une révolution industrielle. Déjà, au cours du XVIIIᵉ siècle, c'est l'importation du coton dans les ports normands qui crée l'industrie cotonnière de la région rouennaise ; à Nantes, c'est le commerce avec les « îles d'Amérique » qui donne naissance aux raffineries et aux manufactures d'indiennes.

5. Le capitalisme financier en France.

Cependant, comme le capitalisme commercial s'est beaucoup moins épanoui en France qu'en Angleterre, le capitalisme financier est loin aussi d'y prendre la même ampleur. Le système de Law a, il est vrai, suscité une fièvre de spéculations analogue à celle dont l'Angleterre a été le théâtre, et précisément au même moment. On vit se produire une hausse excessive des actions de la Société (de plus de 900 %). L'inflation fut aussi énorme, puisque, d'après les relevés du caissier Bourgeois, la Banque de Law émit pour plus de 3 milliards de billets de banque. Enfin, cette inflation a eu pour conséquence une hausse des prix de plus de 100 %, qui a frappé tous les observateurs. Il est certain que la chute du système eut pour effet de retarder les progrès du crédit : on se méfiera, pendant longtemps encore, du « papier », des valeurs mobilières. Toutefois, l'activité de Law, à certains égards, a été bienfaisante ; elle semble avoir donné un coup de fouet au mouvement commercial, comme l'a montré M. Gaston Martin pour le port de Nantes.

Notons aussi que les banques, dont l'histoire est encore mal connue, ne cessent de se développer. Le nombre des banquiers s'accroît sensiblement, surtout à Paris (en 1721, on en compte déjà 51, tandis qu'il n'y en avait que 21 en 1703). Si les banquiers parisiens s'occupent surtout du crédit public, ils traitent aussi les affaires des gros négociants. À Marseille, les maisons de banque se spécialisent dans les opérations commerciales avec le Levant, mais elles ne disposent que de faibles capitaux ; à Bordeaux, à Rouen, la banque a surtout affaire aux armateurs. La banque lyonnaise, qui avait tenu une si grande place au XVIe siècle et encore, dans une moindre mesure, au XVIIe, décline notablement, surtout après la chute du système de Law. Un trait caractéristique, c'est que la banque française, parisienne tout au moins, se trouve en partie entre les mains des Génevois, comme les Thélusson. D'ailleurs, les opérations bancaires ne sont pas encore l'apanage d'hommes d'affaires étroitement spécialisés ; elles constituent une occupation accessoire, non seulement pour bien des négociants, mais pour nombre de gens de finance (fermiers généraux, receveurs généraux, receveurs des États, etc.).

Cependant, en 1776, est créée une institution de crédit de grande envergure, la *Caisse d'Escompte*, société par actions au capital de 15 millions, porté plus tard à 100 millions. Elle devait avoir pour fonction essentielle d'escompter les effets de commerce et elle rendit de sérieux services au commerce et à l'industrie. Mais, sous le second ministère Necker, à la veille de la Révolution, les prêts qu'elle dut consentir au trésor royal compromirent son existence. N'empêche que cette fondation marque un indice significatif des progrès du capitalisme en France.

C'est aussi au XVIIIe siècle, en 1724, que fut fondée la Bourse de Paris. On la soumit à la juridiction du lieutenant général de Paris. Ouverte tous les jours, excepté les dimanches et fêtes, de 10 heures du matin à une heure, elle est accessible « aux négociants, marchands, banquiers, financiers, agents de change et de commerce », etc. Toutes les négociations de lettres de change, billets au porteur ou à ordre, de marchandises et papiers commerçables, doivent se faire à la Bourse ; mais, en ce qui concerne les papiers et effets commerçables, le ministère d'un agent de change est obligatoire. La création de la Bourse eut pour effet de faciliter les transactions de toutes sortes, mais, au XVIIIe siècle, son activité n'est nullement comparable à celle de la Bourse d'Amsterdam. Il convient de noter que la place de Paris est plus importante par ses tractations financières que par ses transactions commerciales.

C'est encore au XVIIIe siècle qu'on voit se créer en France la première grande société d'assurances, par actions, mais seulement en 1750-1753. En 1750, en effet, est fondée la *Compagnie d'assurances maritimes* ; elle se transforme, dès 1753, en *Compagnie d'assurances générales*, qui comprend aussi l'assurance contre l'incendie des maisons. En 1750, le capital avait été fixé à 4 500 000 livres, mais fut porté, dès l'année suivante, à 12 millions ; les actions sont de 3 000 livres. Cette compagnie, dont les taux d'assurance étaient très modérés pour l'époque, fit une concurrence dangereuse aux assureurs particuliers, très nombreux dans les ports. Mais, en ce qui concerne les assurances, la France se trouvait aussi en retard sur des puissances économiquement plus actives.

Il est intéressant de remarquer que la première compagnie d'assurances contre l'incendie n'assure pas les meubles. La seconde, qui fut créée le 6 novembre 1786 (sous le titre de *Compagnie d'assurances contre l'incendie*), assura les meubles, mais non les bijoux et les valeurs. L'assurance sur la vie fut très tardive ; ce fut seulement le 3 novembre 1787 que le privilège en fut conféré, pour quinze ans, à la Compagnie d'assurances contre l'incendie, mais il ne fonctionnera que jusqu'en 1793. Bientôt d'ailleurs, le Comité de mendicité de la

Constituante allait songer à créer un système d'assurances sociales, en s'inspirant du mathématicien Duvillard, qui avait fait paraître, en 1787, ses Recherches sur les rentes, les emprunts et les remboursements, auxquelles l'Académie des Sciences donna son approbation.

D'ailleurs, si l'on veut se rendre un compte exact de l'extension du capitalisme au XVIIIᵉ siècle, il ne faut pas envisager seulement Paris, ni les grands centres industriels ou commerciaux. Dans les villes de second ordre, il y avait encore peu de capitaux et la circulation de l'argent était peu active. Les Souvenirs d'un nonagénaire, d'Yves-Fr. Besnard, nous disent :

« On ne connaissait pas alors [vers 1770] à Angers un seul banquier, ni un seul millionnaire dans le commerce, ni même dans la noblesse. »

Les plus grosses dots n'étaient pas supérieures à 20 000 livres ; celles de 10 000 « faisaient du bruit ». Et les *Souvenirs* ajoutent :

« On se retirait volontiers des affaires, lorsqu'on était parvenu à jouir de 3 ou 4 000 l. de rente, ce qui passait alors, dans tout le Tiers État, pour une très honnête fortune. »

Dans les petites villes, dans les bourgs et les campagnes, les capitaux étaient encore rares, et cette pénurie de capitaux est précisément l'une des raisons qui expliquent les faibles progrès de l'agriculture.

6. La théorie de W. Sombart.

Pourquoi le capitalisme, sous sa forme commerciale et financière, a-t-il été plus précoce en Hollande et en Angleterre qu'en France ? M. W. Sombart attribue ce phénomène aux Juifs, qui, dès la fin du XVIᵉ siècle, se sont établis en Hollande, et, au cours du XVIIᵉ siècle, en Angleterre. D'autres historiens, comme Weber et Troeltsch, pensent qu'à cet égard, ce sont les calvinistes, les puritains, qui ont joué un rôle décisif. Mais comment faire dériver d'une cause unique des phénomènes de cette ampleur ? Sans doute, aux XVII^eet XVIIIe siècles, en ce qui concerne les Juifs, nous voyons qu'ils occupent une place fort importante, notamment dans le gros négoce maritime. Mais, avant leur établissement à Amsterdam, en 1593, la Hollande n'était-elle pas déjà une grande puissance maritime ? En Angleterre, dès le début du XVIIe siècle, avant l'afflux d'hommes d'affaires juifs, le capitalisme n'était-il pas déjà assez fort pour marquer les destinées future de ce pays ?

Cependant, la thèse de Sombart, Weber et Troeltsch semble contenir une part de vérité. Les Juifs et les puritains ont pu contribuer, dans une mesure qu'il est impossible de déterminer exactement, à faire naître, dans les pays dont il s'agit, une « mentalité capitaliste ». Les uns et les autres, contrairement aux catholiques et même aux luthériens, n'établissent pas de hiérarchie entre le « spirituel » et le « temporel », considèrent comme une occupation louable l'acquisition de richesses, enfin mènent un train de vie assez simple pour amasser des capitaux considérables. Ainsi peut s'expliquer l'influence que les uns et les autres auraient exercée sur l'évolution du capitalisme.

En France même, au XVIIIe siècle, les marchands, dans toutes les villes, reprochent aux Juifs de vendre à plus bas prix toutes sortes d'articles, de mauvaise qualité, prétendent-ils, et parviennent, notamment de 1730 à 1740, à les faire expulser de nombre de localités. Mais les Juifs conservent le droit de vendre dans les foires ; plus actifs, plus entreprenants, plus laborieux surtout, ils l'emportent souvent sur leurs confrères chrétiens. Malgré leur situation précaire, on voit certains d'entre eux (tels, les Dalpuget, de Bordeaux) créer un peu partout de véritables succursales ; il y avait là une idée féconde, qui doit s'épanouir au siècle suivant. On trouvera, à cet égard, des données bien précieuses dans l'ouvrage de Cirot, *La situation morale et sociale des Juifs de Bordeaux.*

7. La mobilisation de la vie économique. La spéculation et la publicité.

La cause à laquelle le professeur W. Sombart attribue les phénomènes nouveaux, qui contribueront à assurer le triomphe du capitalisme, peut être hypothétique. Il n'en a pas moins décrit avec beaucoup de force ce qu'il appelle la « commercialisation » ou plus justement la « mobilisation » de la vie économique, qui fait les plus grands progrès au cours du XVIIIe siècle. Il montre très justement que les relations économiques tendent à devenir « impersonnelles », grâce au développement du « papiervaleur », qu'il s'agisse de la lettre de change « endossée », c'est-à-dire payable au porteur, d'*actions* et d'*obligations*, jetées sur le marché par des sociétés commerciales et industrielles ou par des emprunts d'États, ou enfin de billets de banque. Un fait très intéressant, que Sombart met en valeur, c'est la création, en Hollande, au XVIIIe siècle, du *crédit hypothécaire* en faveur des colons de Surinam ; leurs plantations constituaient le gage des sommes qu'ils empruntaient aux banques hypothécaires.

M. Sombart montre aussi les grands progrès de la spéculation sur les valeurs que l'on peut constater, au XVIIIe siècle, dans les bourses d'Amsterdam, de Hambourg et de Londres. Ces progrès sont d'ailleurs en relation avec le développement des affaires commerciales. Voilà pourquoi les spéculations sur les valeurs ne deviennent fréquentes à Paris que vers la fin de l'ancien régime. Ce sont ces spéculations qui provoquèrent, en France, les arrêts du Conseil des 7 août et 2 octobre 1785, confirmés par l'arrêt du 21 septembre 1786, qui déclarent « nuls les marchés et compromis d'effets royaux et autres quelconques, qui seraient à terme, sans livraison desdits effets ou sans le dépôt réel d'iceux » ; mais ce dernier arrêt fait allusion aux tractations qui « rendent fort difficile de découvrir la trame de ces négociations ».

D'ailleurs, pendant la plus grande partie du XVIIIᵉ siècle, la spéculation à terme sur les fonds est fort mal vue, même dans les milieux capitalistes. À la Chambre des Communes, en 1733, on s'éleva violemment contre « l'infâme pratique de l'agiotage en Bourse ». Pour Postlethwayt, l'auteur de l'*Universal dictionary of commerce and trade*, l'agiotage est un véritable scandale public. David Hume et Adam Smith condamnent tout aussi vigoureusement les spéculations de bourse. Seul, à ce moment, le *Traité du crédit et de la circulation*, de Josef de Pinto (publié en 1771), décrit avec grande précision et avec éloge le commerce des « valeurs », ainsi que la spéculation sur les fonds.

Un signe des temps nouveaux, ce sont encore la naissance et les progrès de la *publicité* au XVIIIᵉ siècle. M. Sombart montre aussi avec beaucoup de force à quel point la publicité était contraire aux anciennes mœurs économiques. Dans les corporations, on s'efforçait d'assurer à tous les maîtres les moyens de vivre, notamment en leur procurant la main-d'œuvre nécessaire. La conception de la concurrence est tout à fait antipathique aux artisans et marchands de l'époque. Le maître doit attendre tranquillement les clients dans sa boutique ; telle est encore l'idée de De Foe dans son *Complete english tradesman*, au début du XVIIIᵉ siècle. L'annonce commerciale, la réclame, semble un procédé de concurrence déloyale. Cependant l'annonce commerciale commence à être pratiquée en Hollande dans le troisième tiers du XVIIᵉ siècle, en Angleterre, à la fin du même siècle. À ce point de vue-là, la France est aussi en retard, car dans le *Dictionnaire du commerce*, de Savary des Brulons, le mot réclame est indiqué comme étant un terme d'imprimerie et l'affiche a encore le sens général de « placard ». C'est seulement en 1751 que furent fondées à Paris les *Petites Affiches*, dans lesquelles les annonces commerciales ne se multiplièrent qu'assez tard. Une ordonnance de 1761 considère encore comme une chose condamnable le fait que des marchands de Paris ont « répandu dans le public des billets », pour annoncer la vente des marchandises à un prix inférieur au prix ordinaire. La publicité, en France, ne fait de sérieux progrès que dans les années qui ont précédé la Révolution, c'est-à-dire au moment même où se manifeste une grande activité économique. L'histoire de la publicité et surtout de ses origines, n'est, d'ailleurs, encore qu'ébauchée, et elle mériterait des recherches précises.

En un mot, toutes ces nouvelles pratiques financières et commerciales annoncent le triomphe prochain du capitalisme, sous toutes ses formes.

8. La hausse des prix.

La hausse des prix, qui s'est produite au XVIIIe siècle, et surtout dans la seconde moitié de ce siècle, n'est-elle pas en relation avec l'expansion du capitalisme ? Il est vrai que cette hausse touche surtout les denrées agricoles (blé, viande, œufs, etc.), les fermages, qui parfois s'élèvent de 100 %, et, par conséquent, le prix des terres. Mais, si les objets manufacturés ont légèrement baissé de prix, cela fut surtout un effet des progrès industriels. Arthur Young, dans ses Voyages en France, a attribué la hausse des prix à l'accroissement de la population. Mais n'est-elle pas plutôt le résultat de l'augmentation des capitaux, d'où procède, en général, la baisse de la valeur de l'argent ? Cette difficile question n'a pas encore été étudiée d'une façon bien scientifique, et, pour le moment, on ne peut que formuler des hypothèses.

Chapitre VI

L'affaiblissement du pacte colonial, indice et conséquence des progrès du capitalisme

1. Le pacte colonial de l'Espagne au XVIIIe siècle.

Il nous reste à considérer encore l'un des indices les plus significatifs des progrès du capitalisme : nous voulons dire l'affaiblissement du pacte colonial.

En ce qui concerne l'Espagne, les bénéfices du trafic avec ses colonies de l'Amérique lui échappent de plus en plus. C'est que le régime absurde auquel elle soumet ce commerce a pour résultat d'encourager la fraude et la contrebande.

Au XVIIIe siècle, les étrangers, et surtout les Français, se plaignent de plus en plus amèrement des conditions qui régissent le commerce de Cadix, qui devient de plus en plus incertain et irrégulier. Il faut dire que la politique française, de 1715 à 1725, a singulièrement desservi nos intérêts commerciaux en Espagne. La suppression des galions et des flottes, en 1735. leur remplacement par des *registros* (navires particuliers, qui reçoivent la permission de faire le commerce) ne font qu'aggraver la situation, si bien qu'en 1755 on salue avec joie le rétablissement des flottes. Cependant, le désordre ne cesse pas, et Charles III sacrifie, dans une certaine mesure, au principe de la liberté du commerce par son *ordenanza del comercio libre*, de 1778, qui supprime le monopole de Cadix, tandis qu'il s'efforce, d'autre part, au moyen de droits prohibitifs, de libérer l'industrie espagnole de la concurrence étrangère. Le moment n'était pas éloigné où les colonies espagnoles de l'Amérique, pour des raisons économiques surtout, allaient réclamer leur indépendance. Voilà où aboutissait le fameux monopole commercial de l'Espagne.

En somme, on l'a déjà vu, ce furent les autres puissances maritimes qui profitèrent surtout du commerce avec l'Amérique espagnole et portugaise : la Hollande, l'Angleterre et, dans une moindre, mais assez forte mesure, la France. Au XVIIIᵉ siècle, l'Angleterre se place au premier plan, car, grâce à sa domination sur le Portugal, grâce au traité de Methuen, de 1703, elle parvint à capter l'or du Brésil, comme le montre

M. van Dillen, sans compter que le développement de ses manufactures lui donne des moyens d'échange supérieurs à ceux des autres nations. Remarquons encore que le grand commerce maritime, particulièrement le trafic légal ou interlope avec l'Amérique, permet aux puissances de l'Atlantique d'accumuler une grande masse de capitaux. Cet afflux d'espèces monnayées et de métaux précieux devient d'autant plus intense dans la seconde moitié du XVIIᵉ siècle et au XVIIIᵉ que le développement des colonies espagnoles accroît le besoin qu'elles ont des produits manufacturés de l'Europe, et qu'en même temps l'industrie fait de grands progrès en Angleterre et, aussi, mais dans une moindre mesure, en France. Il n'est pas inutile non plus de porter notre attention sur les énormes, bénéfices du commerce de contrebande, du commerce interlope, qui, par ses procédés, se rapproche singulièrement de la piraterie. Ce commerce, comme la course maritime, est bien une sorte de brigandage. Le *Raub*, selon l'expression de Sombart, semble l'une des sources du capitalisme moderne.

2. Le pacte colonial de l'Angleterre dans l'Amérique du Nord.

Cependant, la question du monopole commercial va se poser pour l'Angleterre elle-même. Des colonies anglaises, depuis le début du XVIIᵉ siècle, se sont établies dans l'Amérique du Nord. Quels seront avec elles les rapports de la métropole 1 Le développement économique du monde ne va-t-il pas aussi provoquer l'indépendance de ces colonies, bien que le système anglais soit sensiblement plus habile, moins étroit et plus souple que le système espagnol ?

Les colons anglais de l'Amérique du Nord ont été, pendant un siècle au moins, beaucoup moins bien partagés que les colons espagnols de l'Amérique du Sud. Les aventuriers anglais du XVIᵉ siècle venaient chercher dans le Nouveau Monde des métaux précieux, des produits tropicaux et surtout le fameux passage qui leur permettrait, pensaient-ils, d'atteindre l'Inde. Leurs espérances furent, en grande partie, déçues. Cependant la Virginie, la première région qui fut mise en valeur, offrait certaines ressources ; bientôt, on vit se créer un type nouveau de colonie, la colonie de *peuplement*, au sens moderne du mot. Dans la Nouvelle-Angleterre, située sous un climat plus rude, ce caractère s'accentua encore. La Couronne ou les Compagnies avaient surtout à gagner à l'établissement de nombreux colons, qui feraient monter le prix des terres. La conséquence, c'est que les colonies anglaises de l'Amérique du Nord ne furent pas soumises à un régime purement mercantile. En outre, peuplées en partie par des réfugiés, des dissidents politiques ou religieux, elles aspiraient à se rendre plus ou moins indépendantes de la métropole.

Mais voici que le capitalisme, — du moins le capitalisme commercial —, fait de grands progrès, dès la première moitié du XVIIᵉ siècle, et surtout vers le milieu du siècle. Ainsi s'explique le triomphe du système mercantile. Balance du commerce, réglementation des importations et des exportations, monopole commercial réservé aux négociants de la métropole : tels sont les principes essentiels de ce régime. En ce qui concerne les colonies, Postlethwayt, dans son *Britain's Commercial Interest explained*, publié en 1747, marque lé véritable caractère du monopole exercé par la mère-patrie :

« Les colonies ne doivent jamais oublier ce qu'elles doivent à la mère-patrie pour la prospérité dont elles jouissent. La gratitude qu'elles lui doivent les oblige à rester sous sa dépendance immédiate et à subordonner leurs intérêts aux siens. Elles doivent, en conséquence :

« 1° Donner à la métropole un plus grand débouché pour ses produits ; « 2° Donner de l'occupation à un plus grand nombre de ses manufacturiers, artisans, marins ; « 3° Lui fournir une plus grande quantité des objets dont elle a besoin. »

En conséquence, les colonies ne doivent pas se livrer aux métiers et aux cultures, pour lesquels elles se trouveraient en rivalité avec la métropole. Elles ne doivent, ni consommer des marchandises étrangères, ni acheter aux étrangers des marchandises que la mère-patrie peut leur fournir. Les colonies ne doivent se livrer qu'à l'agriculture, et le transport de leurs productions sera réservé à la métropole. On estimait, d'ailleurs, que ce régime devait être aussi avantageux aux colons qu'à l'Angleterre elle-même.

3. Politique commerciale de l'Angleterre.

On comprend alors le caractère qu'affecte la politique commerciale et coloniale de l'Angleterre. Déjà en 1621, une ordonnance royale avait interdit à la Virginie d'exporter ses produits à l'étranger sans les avoir préalablement débarqués en Angleterre ; mais elle resta à peu près lettre morte, grâce au trafic des Hollandais, qui emportaient dans leur pays une partie du tabac de la Virginie et la fournissaient, en retour, de marchandises européennes.

Bien plus important et plus général est l'*Acte de navigation*, de 1651. Il établit en substance : 1° les marchandises provenant d'Asie, d'Afrique ou d'Amérique ne pourront être transportées en Angleterre que par des vaisseaux appartenant à des Anglais et dont l'équipage sera en majorité anglais ; 2° les marchandises provenant de l'Europe ne pourront être transportées en Angleterre ou dans ses dépendances que par des vaisseaux anglais ou appartenant au pays producteur.

La loi de 1660 fut beaucoup plus intransigeante encore, puisque, d'après elle, tous les transports entre la métropole et ses colonies étaient réservés aux vaisseaux *anglais*, c'est-à-dire appartenant à des Anglais, à des Irlandais ou à des colons anglais, et dont les trois quarts de l'équipage seraient anglais ; c'était écarter les étrangers des colonies. Toutefois, la loi ne fut gênante que pour la Virginie et le Maryland, qui se passaient difficilement du commerce hollandais ; en ce qui concerne la Nouvelle-Angleterre, elle n'eut pour effet que de développer ses constructions navales.

La loi de 1660 énumérait aussi un certain nombre de produits coloniaux, qui ne pourraient être transportés qu'en Angleterre ou dans d'autres colonies anglaises : c'étaient le sucre, le gingembre, le tabac, le coton, l'indigo, les bois de teinture. La liste des *marchandises énumérées* fut, étendue en 1706 et en 1722 : elle comprit la mélasse, le riz, les fournitures pour les constructions navales, le cuivre, les pelleteries. En outre, la loi de 1663 décida qu'aucune marchandise européenne ne pourrait être introduite dans les colonies, sans avoir passé par l'Angleterre.

Cependant ces *trade acts*, pendant longtemps, ne furent pas extrêmement gênants pour les colonies anglaises. La Virginie avait intérêt à vendre son tabac à l'Angleterre ; et, quant à la Nouvelle-Angleterre, elle trafiquait surtout, avec les Indes Occidentales. Puis, ces colonies étaient trop éloignées, trop vastes, avaient une vie économique trop indépendante pour qu'on pût leur appliquer d'une façon rigoureuse le système mercantile ; grâce à leur *self government*, et aussi à la fraude, elles échappaient, en grande partie, aux lois anglaises.

Les colonies américaines, dans la période de 1660 à 1700, se développèrent normalement, assez lentement d'ailleurs, sans que la métropole ait exercé une grande influence sur leur vie économique. La population totale ne dépassait pas 250 000 ou 300 000 habitants ; elle était surtout anglaise, excepté à New York, où les Hollandais, avaient la majorité, et en Pensylvanie, où s'établirent de nombreux Hollandais, Allemands, Suédois. L'agriculture était toujours la principale forme d'activité économique.

La Nouvelle-Angleterre est le pays des petites exploitations, cultivées par leurs propriétaires ; dans les colonies du centre, dominent les fermes d'étendue moyenne, souvent louées par leurs propriétaires ; dans le Sud, ce sont de grandes plantations, produisant surtout du riz et du tabac. Le commerce des fourrures joue encore un grand rôle. Dans la Nouvelle-Angleterre, l'industrie commence à se développer. On y construit (surtout dans le Massachussets) beaucoup de bateaux, et à meilleur compte qu'en Angleterre, de sorte que les deux tiers de la flotte commerciale de la métropole en proviennent. Le rhum, fabriqué avec le sucre des Antilles, est aussi une industrie importante.

Cependant, c'est le commerce qui est déjà la principale ressource de la Nouvelle-Angleterre ; elle exporte dans la mère-patrie clés poissons, des produits forestiers, du rhum, des bateaux, mais des droits sur les grains (*cornlaws*) l'empêchent d'y envoyer ses blés. En même temps, son trafic avec les Indes Occidentales, c'est-à-dire avec les Antilles, ne cesse de s'accroître : elle va y chercher la mélasse dont elle a besoin pour la fabrication du rhum et elle y transporte les salaisons, les céréales, les bois de construction et aussi les noirs, car elle est le grand centre de la traite négrière. La colonie de New York se livre à peu près au même commerce, mais sur une plus petite échelle. En somme, le commerce total des colonies est une fois et demie ou deux fois plus considérable que leur trafic particulier avec la métropole, qui, en 1700, s'élève à 344 000 livres sterling pour l'exportation, et 395 000 pour l'importation. La Révolution de 1688 lui a été très favorable, car elle l'a affranchi de la politique tracassière de la Restauration. On voit donc, en fin de compte, qu'à la fin du XVIIᵉ siècle, le monopole commercial de la métropole ne s'exerce plus pleinement, en dépit de tous les *trade acts*.

4. Les causes économiques de la guerre de l'Indépendance.

Au XVIIIᵉ siècle, c'est toujours surtout grâce à leurs propres efforts que se développent les colonies anglaises de l'Amérique du Nord, sans que la métropole ait eu une grande part à leurs progrès. La population, en 1760, s'élève à 1 600 000 habitants. L'agriculture continue à jouer un rôle considérable, surtout dans les colonies du centre, qui produisent les céréales, et dans les colonies du Sud, qu'enrichit la culture du tabac, du riz et de l'indigo (celui-ci introduit dans la Caroline du Sud, en 1741).

L'industrie n'a qu'une importance secondaire. C'est en partie, — mais dans une assez faible mesure -, la conséquence du système colonial. La métropole, qui veut se réserver le monopole, en Amérique, de ses produits industriels, édicte des mesures tendant à empêcher la création dans ses colonies de manufactures de drap, de chapeaux, d'acier. Cependant, il s'y crée des manufactures, encouragées par les gouvernements coloniaux. Mais l'un des grands obstacles, c'est le manque de capitaux ; ceux-ci, en progrès au XVIIIᵉ siècle, sont plutôt attirés vers les entreprises commerciales ; le taux élevé de l'intérêt (6 ou 8 %) est défavorable aux progrès de l'industrie ; la rareté de la monnaie ne l'est pas moins. Une difficulté tout aussi grande, c'est le manque de main-d'œuvre : les émigrants sont attirés par d'autres champs d'activité plus avantageux. C'est la raison pour laquelle la métallurgie ne s'est développée que si lentement dans le New Hampshire. Un fait caractéristique, c'est que les salaires sont plus élevés qu'en Europe (de 50 % plus considérables qu'en Angleterre dans la filature).

Partout, c'est donc encore le régime de la petite industrie, la dispersion des établissements industriels. Toutefois, dans la seconde moitié du siècle, il y a une petite tendance vers la concentration. En 1775, est créée à Philadelphie (The United Company of Philadelphia for promoting American Manufactures). On voit aussi se former quelques bourgs industriels : Germantown, Haverhill, Lancaster, Bethlehem. En 1750, une manufacture de toile avait été créée à Boston ; après 1760 et surtout 1770, la concentration industrielle fait quelque progrès dans la filature. Les *jennies* apparaissent à Philadelphie et à Beverley (dans le Massachussetts), mais les colonies sont, à cet égard, très en retard sur l'Angleterre ; celle-ci avait défendu l'exportation des machines en Amérique. Cependant, il est bien visible que le faible développement industriel des colonies anglaises a été déterminé moins par le système mercantile que par les conditions générales de leur évolution économique.

C'est donc le commerce qui est l'une des grandes ressources des colonies anglaises. Il s'est énormément accru de 1700 à 1774 (il aurait même décuplé, au dire de Burke).

La métropole s'efforce d'en tirer le plus grand bénéfice, de se le réserver le plus complètement possible. Mais elle n'y parvient pas, puisque 40 % des importations et 45 % des exportations se font avec d'autres pays que l'Angleterre, c'est-à-dire avec les Indes Occidentales, la Nouvelle-Écosse, Terre-Neuve, l'Europe et l'Asie.

Le tableau suivant, pour l'année 1769, est bien significatif :

	Grande-Bretagne	Europe mérid[le]	Indes occid[les]	Afrique	Total
Importations	1 604 000	76 000	789 000	151 000	2 623 000
Exportations	1 531 000	552 000	747 000	20 278	2 852 000

Ce tableau met aussi en lumière la grande importance du commerce avec les Indes Occidentales. Les colonies ont des rapports de plus en plus considérables avec les Antilles françaises, où elles trouvent le sucre et les mélasses à meilleur marché. On s'explique alors que les planteurs des Antilles anglaises aient obtenu du Parlement le *Sugar Act*, de 1733, qui établit des droits de 9 pence par gallon sur le rhum, 6 sur les mélasses et 5 sh. par cent livres sur le sucre importé.

Cet Act, s'il avait été observé, aurait causé un grand préjudice aux colons ; mais il resta lettre morte. Le commerce avec les Antilles françaises continua comme par le passé ; il ne fut même pas interrompu par la Guerre de Sept Ans. En effet, on se servait pour ce trafic de ports neutres, hollandais ou espagnols ; en 1759, Monte Christi, port espagnol de la côte nord de Saint-Domingue, reçoit plus de cent vaisseaux de l'Amérique du Nord.

Le *Sugar Act* de 1764 semblait devoir être plus efficace : il interdisait l'importation du rhum des colonies étrangères, portait à 1 l. 7 sh. le droit de 5 sh. sur le sucre, tout en réduisant de 6 pence à 3 par gallon le droit sur les mélasses (transformé, deux ans après, en un droit d'un penny, quelle que fût la provenance). Mais la contrebande rendit, en fait, inefficace ce nouveau *Sugar Act*.

Ce qui donnait une si grande importance au commerce avec les Antilles, c'est qu'il était lié à la traite négrière : pour l'achat des mélasses, les distillateurs de la Nouvelle-Angleterre avaient recours au trafic des nègres. Grâce à l'*asiento*, de 1713 à 1733, on transporta 15 000 nègres par an, et les deux tiers en étaient réservés aux colonies anglaises. Le nombre des nègres s'éleva donc rapidement, de 59 000 en 1714, à 193 000 en 1754, et à 697 000, en 1790. Il se faisait aussi aux Antilles un grand commerce de salaisons ; c'est que la Nouvelle-Angleterre avait des pêcheries très importantes. La pêche de la morue, qui entretenait une rivalité constante avec les Français, employait 360 vaisseaux (d'un port de 33 000 tonneaux), sur lesquels 300 appartenaient à des armateurs du Massachussets.

Cependant, le conflit allait devenir aigu entre la métropole et les colonies. C'est que, des deux parts, les tendances anciennes s'exagéraient. La métropole, par intérêt et aussi par esprit conservateur, voulait rendre plus stricte la dépendance économique des colonies, et, d'autre part, le principe de la liberté économique, qui s'affirmait partout, fortifiait encore les revendications des colons.

Grenville, le ministre anglais, ne se contentait pas d'accroître le nombre des articles *énumérés* qui ne pouvaient être exportés qu'en Angleterre ; il décida, en 1766, que toute marchandise provenant des colonies ne pourrait être transportée qu'en Angleterre.

Bientôt, la métropole essaya d'instituer un régime de taxes, qui posait d'une façon plus vive la question de la subordination des colonies. Ce fut d'abord la taxe sur le, timbre (*Stamp Act*), de 1765, qui souleva l'opposition de tous les colons ; ce furent ensuite les droits sur le papier, le verre, le plomb, le thé, à leur entrée en Amérique, établis par Townshend, en 1767.

Ces diverses mesures posaient une question de principe les colons ne voulaient pas se soumettre à des droits nouveaux, qu'ils n'avaient pas consentis, puisqu'ils n'étaient pas représentés au Parlement anglais. Ainsi la question de la *taxation* joua un rôle peut-être plus considérable encore que la question de la liberté commerciale dans les événements qui ont donné naissance à la Révolution américaine. Cependant, c'est la législation commerciale qui est peut-être la cause la plus profonde de la révolte. Plus le commerce était prospère, plus on jugeait insupportables toute entrave, toute immixtion de la métropole. Les colonies avaient donc besoin de la complète indépendance pour leur futur développement économique.

5. Le relâchement du monopole en France.

Le même problème se pose pour les colonies de toutes les puissances maritimes, mais il doit se résoudre de façon différente, suivant la nature des empires coloniaux.

Tandis que les habitants des colonies espagnoles, comprenant surtout (si l'on en excepte les travailleurs serviles ou semi-serviles) des fonctionnaire, du gouvernement ou des propriétaires nobles, possédant d'immenses domaines, sollicitaient, mais d'une façon assez passive, le droit de nouer clés relations commerciales avec les étrangers, les colons anglais de l'Amérique du Nord, agriculteurs, fabricants ou commerçants, sentaient directement le besoin d'échapper au monopole de la métropole. Dotés de constitutions libres, en grande partie autonomes, férus d'indépendance économique, politique et religieuse, ils n'avaient cessé de lutter pour défendre ce qu'ils considéraient comme leurs droits. C'est pourquoi ils ont été les premiers à s'émanciper, et, par la guerre de l'Indépendance, ils sont devenus une nation nouvelle.

Les coloris français des Antilles, moins indépendants que les Anglais, étaient cependant moins passifs que les créoles espagnols. Ils réclamaient avec assez d'énergie le droit de trafiquer librement avec les étrangers et notamment avec les Colonies anglaises de l'Amérique du Nord. Ils avaient un grand avantage à écouler leur sucre et leurs mélasses en ce pays et ils éprouvaient également le besoin d'être approvisionnés en bois, en farines, en poissons, qu'ils trouvaient à meilleur compte sur le continent voisin qu'en France. Ainsi s'explique déjà l'échec de la politique commerciale de Colbert. La perte du Canada et de la Louisiane donne, plus d'acuité encore à leurs revendications. Aussi la contrebande vient-elle parer aux inconvénients de la législation existante. Puis, le gouvernement est obligé de céder peu à peu : Choiseul, après 1763, malgré les réclamations des armateurs français, autorise les Anglais à importer la morue dans les Antilles françaises, moyennant un droit de 8 livres par quintal. Puis, l'arrêt du Conseil de 1784 permet aux navires étrangers d'aborder dans plusieurs ports des colonies françaises, au grand mécontentement des armateurs de la mère-patrie, pour lesquels le commerce avec les « îles d'Amérique » était la grande source de richesses.

En un mot, tous les colons des deux Amériques étaient unanimes à ne plus vouloir de l'ancien *pacte colonial*, tandis que les négociants du vieux monde, dans chaque pays, s'ils prétendaient conserver leur monopole particulier, s'efforçaient de détruire celui de leurs rivaux. Ainsi s'explique l'affranchissement des colonies anglaises et espagnoles, qui donnera naissance à de jeunes républiques pleines d'avenir.

Ce grand fait, qui se prépare depuis un siècle et demi, et qui est l'un des événements les plus importants de l'histoire universelle, a été déterminé par toute l'évolution économique des peuples civilisés, par les progrès du capitalisme, auxquels a précisément donné naissance le grand commerce maritime. C'est le capitalisme, sous sa forme commerciale, qui est à l'origine du système colonial, adopté depuis le XVIe siècle, avec plus ou moins de rigueur, par toutes les puissances maritimes. Toutes étaient avides de se procurer les denrées tropicales et surtout les métaux précieux, que l'on considérait comme la source même de la richesse.

Et, en fait, l'afflux des métaux précieux, l'accroissement du stock monétaire ont eu une énorme influence sur la formation du capitalisme moderne ; ainsi s'explique l'importance mondiale des places de Cadix, où arrivaient l'or et l'argent du Nouveau-Monde, d'Amsterdam, qui en devint le principal marché au XVIIe siècle, puis de Londres, qui succéda à Amsterdam, dans la Seconde moitié du XVIIIe siècle.

Mais voici que le développement même de ce capitalisme tendait de plus en plus à la ruine de l'ancien système, qui devenait une entrave à toute l'expansion économique. L'Espagne, qui poussa à l'extrême, pour ne pas dire à l'absurde, le système mercantile et le principe du monopole métropolitain, paya son aveuglement de sa ruine. L'Angleterre, qui avait laissé plus de liberté à ses colonies, souffrit moins du régime, mais dut cependant finir par l'abandonner. Quant à la France, si elle subit la perte de ses Antilles, qui, au XVIIIe siècle, avaient fait la richesse de son commerce maritime, ce ne fut qu'une conséquence indirecte du système colonial ; il est vrai que les guerres de l'époque révolutionnaire dérivent, en partie, de la rivalité maritime et coloniale, qui, depuis un siècle, la mettait aux prises avec l'Angleterre.

6. Les causes profondes de l'émancipation des colonies.

Considérons encore que l'émancipation de l'Amérique anglaise, — et plus tard à un moindre degré de l'Amérique espagnole —, vont ouvrir de nouveaux champs d'action au capitalisme. Pas immédiatement, sans doute ; mais, en ces pays neufs, les possibilités de développement sont immenses ; on le verra plus tard aux États-Unis. L'évolution y sera plus lente, plus tardive, mais le capitalisme finira par y triompher plus complètement que dans la vieille Europe. Après avoir contribué à enrichir les métropoles de l'ancien continent, les pays du nouveau monde entreront en concurrence avec elles.

On peut se rendre compte des causes profondes de, la grande transformation qui s'est produite. Pendant deux siècles, on a considéré — et non tout à fait sans raison — que la richesse dépendait surtout, pour une nation, de la possession d'un important stock monétaire ; grâce à elle, la Hollande a pu jouer le rôle prépondérant que l'on sait. Mais, n'ayant relativement que peu d'industries, un territoire exigu qui restreignait la quantité et la variété de ses productions naturelles, ne pouvant guère se livrer qu'au commerce de commission, elle devait finalement céder le pas à des pays, comme la France et surtout comme l'Angleterre, qui, produisant — et de plus en plus — des objets manufacturés pour l'exportation, finirent par l'emporter sur beaucoup de marchés.

Désormais, c'est la production industrielle qui va passer au premier plan. On voit ce phénomène s'annoncer, d'abord en Angleterre, vers le milieu du XVIIIᵉ siècle, et c'est en ce pays que se produira ce qu'on a pu appeler plus ou moins justement la *révolution industrielle*. En France, le mouvement est plus tardif, mais des symptômes caractéristiques s'en manifestent dès la fin de l'Ancien Régime ; et il est juste de reconnaître que Colbert, en s'efforçant avec tant d'énergie de développer son système de manufactures, avait eu, en un sens, l'intuition de l'avenir.

On s'explique fort bien que la chute du « pacte colonial », du monopole exclusif des métropoles, soit en liaison étroite avec l'avènement de la grande industrie, ou, si l'on aime mieux, du capitalisme industriel, qui, né du capitalisme commercial, va devenir le grand phénomène économique de la société moderne. Tandis que, dans les deux siècles précédents, — mille faits le prouveraient —, le régime industriel se trouvait étroitement subordonné à l'activité commerciale, c'est maintenant l'industrie qui va régler et dominer, dans une très forte mesure, toutes les relations commerciales.

En dernière analyse, c'est l'expansion maritime et coloniale des puissances européennes qui semble avoir été le facteur le plus important dans la genèse du capitalisme moderne. Un fait significatif, c'est qu'elle donne naissance aux phénomènes les plus caractéristiques de la société capitaliste, — telle qu'elle s'épanouira au XIXᵉ siècle —, c'est-à-dire aux sociétés par actions, au jeu et aux spéculations sur les valeurs mobilières. À peine la Compagnie hollandaise des Indes Orientales était-elle fondée, au début du XVIIᵉ siècle, que ses actions devinrent l'objet de spéculations à terme, de véritables jeux de bourse et même du procédé frauduleux des fausses nouvelles. En Angleterre aussi, mais plus tard, — car son expansion maritime a été moins précoce -, les sociétés par actions, créées pour le commerce colonial, donnent lieu à des spéculations de même sorte, et qui deviennent particulièrement scandaleuses, vers 1720, c'est-à-dire au moment même où, en France, le système de Law, basé également sur le commerce colonial, produit les mêmes aberrations. On peut noter encore que c'est pour favoriser les plantations coloniales que furent créées (en Hollande également) les premières banques hypothécaires. Enfin, n'est-ce pas un fait bien significatif que l'organisation bancaire se soit perfectionnée d'abord en Hollande, où a été fondée la première grande banque d'État, la Banque d'Amsterdam, qui devance de près d'un siècle la Banque de Londres ?

Remarquons encore que la première source directe du capitalisme industriel semble dériver du commerce maritime et colonial. Ce sont, en effet, les fabrications des étoffes de soie et surtout des cotonnades et indiennes, qui, les premières, ont connu le régime de la grande industrie, du *factory system*. C'est vraiment d'une façon prophétique que l'auteur anglais anonyme des *Considérations sur le commerce des* Indes Orientales *montrait, dès 1701, comment l'importation des marchandises, provenant* des Indes, devait transformer profondément l'industrie :

« Le commerce des Indes Orientales, disait-il, en nous apportant des articles fournis à plus bas prix que les nôtres, aura très probablement pour effet de nous obliger à inventer des procédés et des machines, qui nous permettront de produire avec une main-d'œuvre moindre et à moins de frais et, par là, d'abaisser le prix des objets manufacturés. »

Chapitre VII

Les origines du capitalisme industriel et de la grande industrie

1. La « révolution industrielle » procède de l'expansion commerciale.

Les précédents chapitres ont mis en lumière le rôle essentiel joué par le capitalisme commercial. Partout, c'est l'essor de la puissance commerciale qui a permis la grande transformation industrielle que l'on voit se produire, en Angleterre, dans la seconde moitié du XVIIIᵉ siècle et plus tard en France. L'Angleterre s'est d'abord enrichie par le grand commerce maritime ; elle a suivi l'exemple de la Hollande, dont le commerce de *commission* avait fait la fortune. L'évolution de la France a été bien plus tardive et moins intense ; aussi la révolution industrielle ne s'y produira-t-elle que longtemps après la transformation de l'Angleterre. M. Paul Mantoux, dans sa *Révolution industrielle* au XVIIIᵉ siècle, montre que la fortune industrielle du Lancashire fut provoquée surtout par les progrès du port de Liverpool, qui d'abord se livrait presque exclusivement au commerce des produits coloniaux ; c'est parce qu'il importait du coton que la région de Manchester est devenue le grand centre de l'industrie cotonnière. Le même auteur insiste avec raison sur l'action exercée par le progrès des voies de communication (canaux et routes). En France aussi, la construction du réseau routier, au XVIIᵉ siècle et surtout au XVIIIᵉ siècle, contribua à transformer toute la vie économique du pays. Mais la supériorité du commerce maritime de l'Angleterre nous donne sans doute la raison pour laquelle la révolution industrielle en ce pays a été spontanée, tandis qu'en France l'introduction du machinisme et la création de la grande industrie sous l'ancien régime ont été surtout l'œuvre du gouvernement.

Le commerce est si bien la source de l'activité industrielle qu'au XVIIᵉ et au XVIIIᵉ siècle, le mot *commerce* désigne autant l'industrie que le commerce proprement dit. Même observation en ce qui concerne le mot anglais *trade*. — Remarquons encore qu'à cette époque ce n'est pas le producteur industriel qui va au devant des commandes, qui s'efforce de se plier au goût de la clientèle. C'est l'office du négociant en gros, de l'exportateur. L'armateur malouin Magon de la Balue fait ses commandes de soieries aux commissionnaires de Lyon ; il ne cesse de se plaindre de la fabrication défectueuse, des « infidélités » des fabricants, de leur peu d'application à satisfaire la clientèle ; et cependant à Lyon, ce sont déjà des maîtres marchands qui « contrôlent » la fabrication.

Toutefois, il ne faut pas oublier que l'industrie elle-même a, dans une certaine mesure, contribué à l'accumulation des capitaux. En Angleterre, on l'a vu, c'est le progrès de l'industrie drapière qui a déclenché le mouvement d'exportation, grâce auquel ce pays est devenu une si grande puissance maritime. Dans beaucoup de métiers, un certain nombre de maîtres s'enrichissent assez pour se différencier de leurs confrères et devenir des sortes d'entrepreneurs capitalistes ; c'est un fait que l'on peut constater dans tous les pays, mais que M. Unwin a mis particulièrement en lumière pour l'Angleterre dans son *Industrial organisation in the XVI and XVII century*.

2. La phase de l'industrie rurale et domestique.

C'est d'abord l'industrie rurale et domestique qui a permis au capitalisme commercial d'exercer son emprise sur la fabrication.

Il y a là une phase de l'évolution que l'on retrouve dans toutes les contrées. Aux Pays-Bas, dès le XVIᵉ siècle, comme l'a si bien montré M. Henri Pirenne dans le tome III de son *Histoire de Belgique*, apparaît une extension remarquable de l'industrie rurale ; elle se manifeste dans beaucoup de fabrications, qui précédemment étaient confinées dans]es villes. Dans les campagnes de la Flandre wallonne et du Hainaut, dans les environs de Lille, de Bailleul et surtout d'Armentières et de Hondsehoote, on fabrique, avec la laine d'Espagne, des tissus légers et à bon marché, des *worsted*, contre lesquels la draperie anglaise ne peut entrer en concurrence. L'industrie de la toile se répand aussi dans les campagnes, ainsi que l'industrie de la dentelle. Mais l'exemple le plus typique est peut-être celui de la tapisserie, qui alimente l'important marché d'exportation d'Anvers. Il s'agit de la tapisserie bon marché, car la tapisserie d'art reste le monopole des villes. Dans les Pays-Bas, au XVIe siècle, se marque nettement l'emprise du capitalisme commercial sur l'industrie rurale ; ce sont des *marchands-fabricants*, des entrepreneurs capitalistes qui concentrent entre leurs mains, à destination des marchés lointains, les étoffes fabriquées par les artisans des campagnes. Remarquons, avec M. Pirenne, que l'industrie houillère n'affecte pas encore la forme capitaliste.

En Angleterre, dès le XVe siècle, nous voyous le marchand-manufacturier « contrôler » la fabrication drapière, soumettre à sa domination économique l'artisan campagnard, auquel il fournit la matière première, parfois même les métiers, et dont il concentre les produits pour les revendre sur des marchés lointains; rien ne le montre mieux que les pénalités édictées par la législation contre les artisans qui se rendraient coupables de détourner des matières premières.

Comme le dit si justement le professeur W. Ashley, dans son *Évolution économique* de l'Angleterre, *ce ne sont pas les instruments de production qui font défaut aux* artisans des campagnes, mais bien les marchés : ils sont obligés de subir l'intermédiaire des négociants. Seul, le Yorkshire fait exception. En cette région, comme le montre le Rapport du Comité de la Chambre des Communes, de 1806, l'ouvrier rural achetait lui-même la laine, la faisait filer, fabriquait et teignait le drap, qu'il allait vendre ensuite aux halles des villes voisines (Bradford, Leeds, Halifax, Wakefield, etc.) ; c'était un maître indépendant, mais peu à peu, au cours du XVIIIe siècle, même dans cette région, les commandes se font en dehors des marchés ; le moment n'est pas éloigné où le marchand va exercer son emprise sur le *processus* industriel lui-même.

En Irlande, dans l'industrie de la toile, qui se cantonne de plus en plus dans l'Ulster, c'est la même évolution qui se produit. Les tisserands ne sont que des tenanciers agricoles, pour lesquels la fabrication de la toile, absolument comme dans la Bretagne française, n'est qu'une occupation accessoire ; ils vont vendre leurs étoffes aux marchés locaux, aux halles de Belfast et de Dublin, ou bien les cèdent à des courtiers, qui la vendent, à leur tour, aux marchands. Puis, dans la seconde moitié du XVIIIe siècle, ils tombent peu à peu dans la dépendance économique des marchands, qui souvent vont vendre les étoffes directement en Angleterre. Le marchand-fabricant a une situation de plus en plus importante. Vers la fin du siècle, les *blanchisseurs*, qui d'abord n'étaient que de petits entrepreneurs, deviennent souvent de grands patrons industriels, qui concentrent entre leurs mains tout le produit de la fabrication. Ce sont eux surtout qui introduisent le machinisme dans l'industrie de la toile et vont assurer le triomphe, en cette partie, du capitalisme industriel. Tels sont les faits qui se dégagent du récent ouvrage de M. Conrad Gill sur l'industrie de la toile en Irlande.

En France, on distingue nettement deux types d'industrie rurale. Le premier type s'applique aux régions dont les ressources agricoles sont insuffisantes et où la vie urbaine est peu active, comme la Bretagne et le Bas-Maine.

Dans ces provinces, l'industrie campagnarde de la toile ne fait nullement concurrence aux métiers urbains, très peu nombreux. Les marchands se livrent exclusivement à des transactions commerciales, ne dirigent pas la production, ne distribuent pas la matière première, que le paysan récolte sur place ; tout au plus, s'occupent-ils de faire opérer le blanchiment et le finissage des toiles. C'est tout à fait par exception qu'ils deviennent entrepreneurs de manufactures. En Bretagne et dans le Maine, l'industrie rurale ne donnera pas naissance à l'industrie capitaliste. Elle vivait surtout des exportations à Cadix ; la perte de ce marché, pendant les guerres de la Révolution, doit la ruiner. Quand elle tombera en décadence à la fin du XVIIIe siècle et au XIXe la fabrication des toiles disparaîtra définitivement du pays.

Au contraire, dans des provinces comme la Flandre, la Picardie, la Haute-Normandie, où l'agriculture est prospère, où l'industrie urbaine a essaimé dans les campagnes environnantes, où l'industrie rurale s'est développée surtout parce que beaucoup de, paysans sont dépourvus de propriété, l'artisan rural dépend souvent de véritables manufacturiers, qui lui font des commandes et donnent des directions à son travail. En tout cas, les négociants distribuent aux travailleurs de la campagne la matière première, leur fournissent même les métiers. Ce sont eux qui soutiennent la fabrication rurale au point de ruiner les métiers urbains, comme s'en plaignent les fabricants et les compagnons de Troyes ; ce sont eux qui, à la fin de l'Ancien Régime, dans la bonneterie et dans la filature du coton, introduisent les métiers mécaniques, ce qui rend plus désastreuse encore pour l'ancienne industrie urbaine la concurrence des campagnes. Il suffira que les métiers soient concentrés dans des usines pour que naisse la grande industrie, pour que le négociant-entrepreneur se transforme en patron industriel.

3. Le rôle de la concentration commerciale.

Dans les métiers urbains de l'industrie textile, on voit souvent S'exercer la même emprise du capitalisme commercial, qui a pour effet de faire tomber les artisans, autrefois indépendants, au rang de salariés. L'exemple le plus frappant nous est fourni par l'industrie lyonnaise de la soie, comme nous le, montre l'excellent ouvrage de M. Justin Godart sur *L'Ouvrier en soie de Lyon*. Déjà au XVIIe siècle, la distinction s'était faite entre maîtres marchands et maîtres ouvriers, ainsi qu'en témoigne le règlement de 1667. Le règlement de 1744 consacre la dépendance économique des maîtres ouvriers, qui deviennent les salariés des marchands. Leur dépendance est d'autant plus grande que le marchand fournit la matière première, ainsi que les dessins, et leur avance souvent les sommes nécessaires pour l'achat de l'outillage. Enfin, le prix de la façon est fixé par le marchand ; le salaire n'est établi que quand l'ouvrage est terminé. On comprend bien les causes de la transformation : les marchands, disposant de capitaux, devaient, à mesure que la production et les marchés s'étendaient, faire la loi aux ouvriers qui n'avaient pas d'avances. Dans cette industrie de luxe, leur rôle est d'autant plus considérable que les fluctuations de la mode, qu'ils sont seuls à pouvoir surveiller, pèsent à tout moment sur la fabrication. L'évolution est achevée avant l'introduction du machinisme.

Dans l'industrie drapière, on perçoit une évolution analogue, mais moins générale. L'emprise du capitalisme commercial sur le travail s'explique surtout par des raisons techniques, par la multiplicité des opérations auxquelles donne lieu la fabrication. La laine doit être lavée et dégraissée. On la soumet au battage, au cardage ou an peignage, puis ou la remet aux fileurs et surtout aux fileuses. Après le filage, c'est le dévidage, le bobinage et l'ourdissage. La pièce passe ensuite à la teinture, puis, s'il s'agit d'une laine cardée, au feutrage. Viennent ensuite les apprêts définitifs : le lainage, le tondage et le ratissage. On s'explique ainsi l'intervention du marchand, qui se charge de diriger tout le *processus* de la fabrication, et cette intervention devient encore plus nécessaire lorsque l'industrie se répand dans les campagnes. M. Ballot, dans son beau livre sur l'*Introduction du machinisme dans l'industrie française*, nous décrit de la façon la plus nette le rôle du *marchand-fabricant* de drap :

« Le marchand achète la laine brute, la fait laver, dégraisser, teindre par ses ouvriers. Puis il la confie parfois directement aux cardeuses ou fileuses, plus souvent à un petit entrepreneur, travailleur lui-même, qui l'emporte et la distribue dans son village. Lorsqu'on lui rapporte les fils, le marchand fait généralement ourdir la chaîne, puis il la remet avec le fil de la trame à un second entrepreneur chargé du tissage, tisserand lui-même en général. La pièce tissée, le marchand lui fait donner les différents apprêts par les maîtres tondeurs et laineurs ; quant au foulage, il n'est pas rare que le marchand soit lui-même propriétaire d'un moulin. »

Cette concentration commerciale, qui, à la fin du XVIIIe siècle, est complète dans les plus grands centres (Sedan, Reims, Rouen, Elbeuf, etc.), ne se manifeste pas partout. Parfois, comme à Amiens, le travail est réparti entre plusieurs entrepreneurs successifs, indépendants les uns des autres ; dans le Midi, les petits fabricants sont encore nombreux.

Là où la concentration commerciale est parfaite, comme à Reims, elle entraîne parfois la concentration industrielle, c'est-à-dire la réunion dans le même bâtiment de tous les ateliers coopérant à la fabrication. Les marchands ont intérêt à grouper les ouvriers sous le même toit pour surveiller leur travail et éviter les frais de transport. Tel est le cas, par exemple, d'un certain nombre de manufactures du midi, comme celles de la Trivalle, près Carcassonne, de Villeneuvette, près Clermont-de-l'Hérault ; à Montauban, un manufacturier fait construire un bâtiment qui lui coûte

125 000 livres. À Reims, plus de la moitié des métiers sont groupés dans de grandes manufactures. À Louviers, la concentration est plus forte encore quinze entrepreneurs groupent des milliers d'ouvriers l'un d'eux fait construire, pour 200 000 livres, une énorme manufacture abritant cinq ateliers. Cependant, même en ce cas, il subsiste bien des travailleurs qui travaillent isolément. On voit donc que, dans la draperie, la concentration industrielle, quand elle se produit, ne procède pas du machinisme, qui n'apparaîtra que sous le Premier Empire.

Dans la bonneterie, l'emprise du capitalisme commercial sur la fabrication provient surtout de l'usage des métiers, qu'on a employés de bonne heure, et dont le prix est assez élevé (3 à 400 livres). Partout, ce sont quelques gros marchands-fabricants qui tiennent dans leur dépendance les maîtres ouvriers : à la fin de l'ancien régime, à Lyon, 48 marchands font travailler 819 maîtres-ouvriers ; à Orléans, 55 marchands occupent 260 maîtres.

Un fait significatif, c'est que les marchands-fabricants, même lorsque la fabrication est dispersée, peuvent à bon droit s'intituler *manufacturiers*. Le mot *manufacture* est souvent synonyme du mot actuel d'*industrie*, qui n'est encore que rarement employé, au XVIIIe siècle, dans le sens qu'il a pris au XIXe siècle. On dira, par exemple, la manufacture de toiles de Rennes, et, quand il s'agit du travail des artisans, on se sert du terme d'*arts et métiers*.

4. Les manufactures.

Aussi semble-t-il que les manufactures n'aient pas joué le rôle clé premier plan qu'on leur a souvent attribué, et dont Karl Marx, dans le *Capital*, fait si grand état.

Sans doute, en France, les manufactures royales et les manufactures privilégiées, à la création desquelles Colbert a attaché son nom, n'ont pas été sans influence sur la genèse de la grande industrie, qui devait se produire beaucoup plus tard. Encouragées par des primes et des subventions officielles, elles disposaient de capitaux plus considérables que la plupart des autres entreprises de l'époque ; elles pouvaient ainsi, tout au moins pour le finissage, se procurer un outillage relativement perfectionné. Les monopoles qu'on leur attribuait favorisaient aussi leur développement. L'œuvre de Colbert est donc loin de n'avoir aucune portée pour l'avenir : de nombreux îlots industriels ont émergé, de nouvelles industries ont été implantées en France et quelques-unes d'entre elles connaîtront un véritable succès. Mais, le plus souvent, les manufactures n'ont nullement le caractère d'établissements concentrés ; elles emploient sur une grande échelle la main-d'œuvre de l'industrie rurale ou domestique. Et, à cet égard, on ne peut signaler aucune transformation notable au XVIIIe siècle.

Cependant, en France, les manufactures ont constitué un facteur important de l'évolution industrielle ; la naissance de la grande industrie et du machinisme, comme l'a justement remarqué Ch. Ballot, a été, en grande partie, l'œuvre de l'État.

En Angleterre, au contraire, la grande industrie procède d'un effort spontané. Aussi les manufactures y ont-elles joué un rôle encore bien moins important qu'en France. Les Stuarts, il est vrai, les ont favorisées, lorsque, surtout dans un but fiscal, ils ont développé le système des monopoles ; ils en ont créé un certain nombre, par exemple, pour la fabrication du savon, du fil de fer, des cartes à jouer. Mais la nation s'éleva vigoureusement contre ces monopoles. Le mercantilisme, soutenu, créé même par la monarchie des Stuarts, disparut avec elle, et c'est la politique du *laissez-faire* qui l'emporta. La Révolution de 1688, à ce point de vue aussi, exerça une influence de premier ordre ; elle favorisa la cause de la liberté commerciale et économique. On s'explique donc qu'au XVIIIe siècle les essais de manufactures, tentés dans l'industrie textile, aient été peu nombreux et n'aient pas obtenu grand succès.

5. La technique et la concentration industrielle.

La concentration industrielle, sans laquelle il ne saurait y avoir de grande industrie, est née surtout de nécessités techniques. Un exemple typique nous est fourni par l'impression sur toile. Dans les manufactures d'indiennes, on voit la concentration industrielle S'opérer de bonne heure sur la plus vaste échelle, sans qu'il y ait eu intervention du machinisme proprement dit. On se l'explique si l'on songe, comme le dit Ch. Ballot, que « les conditions techniques de la fabrication nécessitaient l'immobilisation d'importants capitaux, la réunion des ouvriers en ateliers et la division du travail entre eux ». Il faut des terrains étendus pour le blanchiment des toiles, de vastes bâtiments pour les ateliers, de grandes pièces pour le séchage. L'outillage est compliqué et coûteux ; on a besoin de stocks importants (toiles et matières colorantes). En outre, la diversité des manipulations, qui doivent se faire dans le même local, exige la division du travail entre de nombreuses catégories d'ouvriers spécialisés, et qui doivent travailler sous le même toit. Rien d'étonnant que, vers la fin de l'ancien régime, cette industrie comprenne plus d'une centaine de, manufactures, produisant pour plus de 12 millions de livres de toiles peintes. La plupart appartiennent à des compagnies de plusieurs associés ; beaucoup sont des sociétés par actions, fort riches. La société du célèbre Oberkampf, en 1789, a un capital social de près de 9 millions et ses bénéfices, en 1792, atteignent 1 581 000 livres. Et cependant l'impression mécanique ne commence à fonctionner qu'en 1797.

6. L'introduction du machinisme ; ses conséquences.

Toutefois la concentration ouvrière et industrielle, condition nécessaire de la grande industrie capitaliste, ne pouvait devenir un phénomène vraiment général que grâce au triomphe du machinisme.

C'est dans le moulinage de la soie que le machinisme s'est introduit en premier lieu ; dès la première moitié du XVIIIᵉ siècle, les *Jubié* ont déjà des machines assez perfectionnées ; puis, dans la seconde moitié de ce siècle, ce sont les inventions de Vaucanson, que les Deydier, à Aubenas, cherchent à mettre en pratique. Tous ces progrès techniques nous expliquent que, dans le moulinage, il se soit créé beaucoup de grands établissements (tels, les ateliers clés Jubié à la Sône), tandis que la filature de la soie reste une industrie domestique et rurale et ne connaîtra la concentration que dans le courant du XIXᵉ siècle.

Mais c'est dans la fabrication du coton, industrie nouvelle, que le machinisme se développe de la façon la plus intense au XVIIIᵉ siècle. Les inventions techniques ont vu le jour d'abord en Angleterre, où cette industrie s'est implantée plus tôt que partout ailleurs. C'est d'abord l'invention de la navette volante, par Kay, en 1733, laquelle rend le tissage beaucoup plus rapide. Puis, comme on a besoin d'une plus grande quantité de fil, il s'agit de rendre plus intense sa production c'est donc la filature du coton que visent la plupart des inventions : la *spinning-jenny* (en 1765), le *water-* frame, *d'Arkwright, deux ans plus tard, puis la* mule-jenny *de Crompton. La France,* dans le domaine du machinisme, est très en retard ; il faut faire venir d'Angleterre ouvriers et machines.

La *jenny* était un petit métier à bras, que pouvaient employer les fileurs ou fileuses isolés ; elle ne nuisait donc nullement à l'industrie rurale. Au contraire, les *mule-jennies et les machines continues favorisaient la concentration. En France, comme en* Angleterre, le fait apparaît incontestable ; déjà avant la Révolution, un certain nombre de manufactures concentrées ont été créées : celles de Lecler, à Brives, de Martin et Flesselles, à Amiens, les fabriques fondées par le duc d'Orléans à Orléans et à Montargis, la manufacture de Louviers. Dans les premières années de la Révolution, le mouvement s'accélère encore.

Mais c'est surtout à l'époque de l'Empire que la filature du coton devient une grande industrie, grâce à l'esprit d'organisation et aux ressources en capitaux d'hommes comme Bauwens et Richard-Lenoir.

En France comme en Angleterre, le machinisme ne gagna que plus tard l'industrie lainière, malgré l'invention de Cartwright. En France, c'est à l'époque napoléonienne que la transformation s'opéra, principalement grâce au prodigieux industriel que fut Ternaux, « qui couvrit la France d'usines et l'Europe de comptoirs ».

D'ailleurs, ne considérât-on que l'industrie textile, l'évolution est loin d'être achevée, même en Angleterre, au début du XIXe siècle. Le tissage mécanique est lent à s'établir, même dans la fabrication cotonnière. Dans l'industrie de la toile, le machinisme n'apparaît que tard ; en France, c'est seulement sous la monarchie de juillet qu'il la transformera.

Dans les industries secondaires, comme la verrerie et la papeterie, de grands perfectionnements techniques ont été réalisés avant la Révolution ; mais, si l'on trouve déjà quelques grands établissements, comme la papeterie de Montgolfier à Annonay, l'immense majorité des entreprises continuent à rester de petites exploitations, ne comprenant qu'un nombre restreint d'ouvriers.

Quant à la métallurgie, comme le remarque justement M. Mantoux, au début, « les machines n'ont joué qu'un rôle secondaire dans sa transformation là plus décisive », c'est-à-dire dans la substitution du coke au bois pour la fonte. C'est cette innovation qui a déterminé la création de grands établissements, comme l'usine du Creusot, entreprise capitaliste au premier chef. Mais la transformation ne s'opérera que lentement, surtout en France, où elle ne sera achevée que dans la seconde moitié du XIXe siècle. Au moment de la Révolution, l'immense majorité des entreprises métallurgiques sont de petits établissements, n'employant qu'un nombre restreint d'ouvriers ; l'industrie reste longtemps dispersée, et, comme on continue souvent à se servir du bois pour la fonte, c'est encore dans les régions forestières qu'elle se cantonne de préférence. Le machinisme a gagné plus rapidement les industries travaillant le fer, comme les laminages, les fabriques de machines-outils, les ateliers de construction, que favorisent précisément les progrès du machinisme textile.

L'introduction des moteurs mécaniques ne s'est faite aussi que lentement. Ce furent d'abord les moteurs hydrauliques, en France comme en Angleterre. En ce dernier pays, la machine à vapeur tend partout à prendre leur place, dès la fin du XVIIIe siècle. Mais, en France, les machines à vapeur sont encore peu nombreuses en 1789, exception faite pour les pompes à feu des mines et quelques machines élévatoires. Il faut attendre plus d'un demi-siècle, pour qu'elles pénètrent dans toutes les industries.

Les machines à vapeur ont été l'une des premières applications de la science à l'industrie, applications qui ont suivi de loin les inventions techniques, fruits d'une intuition de génie ou de longs tâtonnements. Parmi les sciences, c'est, tout d'abord, la chimie qui suscite le plus grand nombre de perfectionnements industriels, comme on peut s'en rendre compte dès le, début du XIXe siècle.

De ce qui précède, on peut conclure que, si, Seule, l'extension du machinisme pouvait assurer le triomphe de la grande industrie, par contre, à considérer les origines, la concentration industrielle est encore moins le résultat de l'introduction du machinisme que, de la multiplicité des opérations techniques requises par telle ou telle fabrication : dans l'industrie drapière, la concentration provient de la complexité du *processus* industriel, qui a rendu indispensable l'intervention du capitalisme commercial ; dans l'impression de la toile, elle est le résultat des conditions toutes particulières de cette fabrication. Le machinisme ne fera que renforcer une transformation déjà accomplie ou en voie de se réaliser.

7. Caractère du capitalisme industriel.

Si l'on considère le XVIIIᵉ siècle, on voit clairement que ce n'est pas dans les industries où le machinisme est le plus développé, mais dans celles qui par leur nature même sont le Plus coûteuses, que les entreprises affectent le plus nettement la forme capitaliste. Un exemple bien saisissant nous est fourni par l'industrie minière et surtout par l'industrie houillère. Les mines avaient d'abord été exploitées souvent par leurs propriétaires ou par de petits entrepreneurs, mais d'une façon si défectueuse que le gouvernement, par l'arrêt de 1744, se décida à établir qu'aucune mine ne pourrait être mise en valeur qu'en vertu d'une concession royale. Les propriétaires et les petits entrepreneurs sont souvent dépossédés au profit d'étrangers, au profit surtout de grandes compagnies, comme la compagnie d'Anzin. C'est que ces sociétés sont seules capables d'accomplir les perfectionnements techniques nécessaires : sondages, ouvertures des galeries et des puits, aérage, épuisement de l'eau au moyen de pompes (et on emploie de plus en plus les « Pompe à feu ») exigent, pour être menés scientifiquement, des capitaux considérables. Ces compagnies, sociétés par actions (surtout en nom collectif ou en commandite), ont bien l'aspect de grandes entreprises capitalistes, qu'il s'agisse d'Alais, de Carmaux ou d'Anzin. La société d'Anzin, en 1756, emploie déjà mille mineurs et, dans ses ateliers, 500 ouvriers ; en 1789, elle compte 4 000 ouvriers ; elle a ouvert 300 à 400 toises de galeries et elle emploie 12 machines à vapeur ; en 1789, elle extrait 3 750 000 quintaux de charbon, et ses bénéfices commerciaux s'élèvent à 1 200 000 livres, dépassant de 100 % ses dépenses. Dans les autres exploitations minières, ce caractère est moins accentué ; mais on a toujours affaire à des sociétés par actions, qui ont été formées le plus souvent par des riches financiers ou des négociants, des armateurs, et, parmi leurs actionnaires, figurent, comme dans les sociétés houillères, des nobles, des magistrats.

Au contraire, dans l'industrie cotonnière, même quand le machinisme y eut triomphé, les sociétés par actions sont rares ; les sociétés en commandite, il est vrai, apparaissent fréquemment, mais « le plus grand nombre des manufactures sont la propriété de simples industriels », qui ont recours aux emprunts, aux bons offices des banquiers, « sans qu'on puisse dire avec exactitude d'où viennent les capitaux ».

Dans l'impression de la toile, dès le XVIIIe siècle, les sociétés par actions ou tout au moins les compagnies en commandite apparaissent fort nombreuses. C'est que, dès cette époque, l'*intégration* se manifeste en cette industrie, dont le caractère capitaliste est si fortement marqué.

M. Ballot nous décrit très nettement cet état de choses :

« Très souvent les fabricants joignent à l'impression le filage et le tissage ; ils le font d'autant plus volontiers que cette extension de leurs opérations n'exige pas un grand accroissement de capital ; ils font faire ce travail dans les campagnes ; patrons d'usines ou peu s'en faut pour l'impression, ils sont marchands-fabricants pour la fabrication des toiles. »

Sous l'Empire, la plupart des grandes filatures de coton appartiennent à de gros industriels, qui font du tissage et même de l'impression.

Par contre, le développement industriel, les progrès du machinisme ont parfois pour conséquence la *spécialisation* ; les diverses opérations de la fabrication donnent naissance à des établissements spéciaux. C'est le cas notamment des filatures : des industriels, comme Boyer-Fonfrède, qui avaient à la fois des tissages et des Matures, se consacrent maintenant exclusivement à la filature, tandis qu'avant le machinisme la filature était subordonnée au tissage.

Autre conséquence, qui s'affirme à l'époque napoléonienne : certains industriels, particulièrement entreprenants, multiplient leurs établissements ; tel, Bauwens en Belgique, tel, Richard-Lenoir, qui crée des filatures et des tissages en Picardie et dans toutes les parties de la Normandie. Un exemple plus frappant encore est fourni par Ternaux, qui couvre la France d'usines drapières ; en dehors des grands centres de sa fabrication (Sedan, Reims, Louviers), il ne cesse de fonder de nouveaux ateliers.

Arrivée à ce point de développement, la concentration industrielle a pour conséquence de soumettre à l'industrie l'activité commerciale. Le grand industriel s'efforce de devenir un grand commerçant, se préoccupe lui-même de trouver des débouchés pour ses produits. Ternaux fonde partout, à l'étranger comme en France, des comptoirs pour la vente et pour l'achat des matières premières. Sa maison de Paris est « comme le cœur qui reçoit et renvoie le sang dans les veines et les artères » : elle sert pour tous ses établissements de magasin de vente ou d'approvisionnement, de maison de commission. Ternaux cherche même à se passer tout à fait des intermédiaires, à entreprendre la vente au détail. Dès le XVIIIᵉ siècle, dans l'impression sur toile, les fabricants se livrent aux opérations commerciales ; M. Ballot caractérise ainsi leur activité :

« Ils envoient des agents acheter directement, soit des toiles blanches à Lorient, port de la Compagnie des Indes, soit des matières tinctoriales dans les autres ports ; les plus importants s'occupent de la vente aux marchands, ou même directement au public ; plusieurs manufactures ont des boutiques à Paris, d'autres ont des relations étendues, exportant en Allemagne, dans les pays du nord, aux colonies. »

On dit souvent que la concentration industrielle a eu pour conséquence la *division* du travail. *Mais il conviendrait de bien définir le mot. La division du travail est* antérieure à la concentration, si l'on entend par ce terme la multiplicité des opérations techniques et des métiers, ce qu'on peut appeler plus justement la *répartition de la* fabrication entre un grand nombre de métiers. *Dans ce cas, la division du travail* provoque parfois le désir d'opérer la concentration, qui diminuerait les frais de la production. Mais le plus souvent, elle se maintient longtemps sans aboutir à la concentration. Ainsi, pour citer un exemple, la coutellerie de Thiers a conservé son caractère de dispersion à outrance, de spécialisation extrême des métiers jusque dans la seconde moitié du XIXe siècle. Mais la concentration, ou, peur mieux dire, la réunion sous un même toit d'un grand nombre d'ouvriers produit forcément ce que Bücher appelle la *décomposition du travail*, c'est-à-dire la répartition des tâches : dans un atelier concentré, chaque ouvrier a sa fonction déterminée, réalise une petite fraction de la fabrication totale ; d'où une économie de temps et une réduction des frais.

Une conséquence non moins importante de l'avènement de la grande industrie, ce fut un notable accroissement de la population et un déplacement de son centre de gravité. Le phénomène a atteint toute son amplitude en Angleterre, où non seulement la population a augmenté dans d'énormes proportions, mais où toute une Angleterre nouvelle, — celle des pays du nord et de l'ouest —, a relégué au second rang la vieille Angleterre des comtés du midi. En France, rien de semblable : la transformation industrielle a aussi pour conséquence d'augmenter la population urbaine aux dépens de la population rurale, mais dans des proportions bien plus faibles qu'en Angleterre, et, à considérer l'ensemble du pays, l'ancien équilibre s'est maintenu. C'est que la France est restée, en grande partie, un pays agricole ; la « révolution industrielle » n'y a pas été intense. Elle s'est produite aussi beaucoup plus tardivement qu'en Angleterre, où nous la voyons triompher, tout au moins clans l'industrie du coton, dans les vingt dernières années du XVIIIe siècle. Souvent les mêmes personnages (tel, Samuel Oldknow), qui faisaient encore fonction, vers 1780, de marchands-fabricants, fondent quelques années plus tard de grandes filatures contenant des centaines d'ouvriers.

Cependant les pages précédentes donneront au lecteur, nous le pensons, l'impression que la grande transformation industrielle qui se produit est moins une *révolution*, selon l'expression mise à la mode par Toynbee, qu'une « rapide et irrésistible évolution », selon l'heureuse formule de Sir William Ashley. Sur le vaste théâtre de l'histoire économique, il ne se produit pas de changements de décors à vue. De même que, de bonne heure, dès le XVIe siècle tout au moins, certaines industries, comme les exploitations minières, affectent déjà la forme d'entreprises capitalistes, l'ancienne organisation du travail, l'artisanat n'ont pas brusquement disparu partout de la scène ; on les verra survivre même à l'époque où triomphera le capitalisme industriel.

Chapitre VIII

L'avènement du régime capitaliste au XIXe siècle

Ce serait une grave erreur de croire que, même dans les pays dont l'évolution économique est le plus avancée, l'organisation capitaliste soit prédominante au début du XIXᵉ siècle, en 1815, après la grande tourmente de l'époque révolutionnaire et de la période napoléonienne. La guerre gigantesque, qui a mis aux prises les pays de la plus grande partie de l'Europe, a pu, dans une certaine mesure, précipiter l'évolution capitaliste ; à d'autres égards, elle l'a retardée, notamment en entravant le grand commerce maritime et colonial.

1. Progrès rapides du capitalisme en Angleterre.

En Angleterre, si tous les traits du régime capitaliste sont dessinés, dès 1815, l'ancienne organisation du travail l'emporte encore, au point de vue quantitatif, tout au moins. Comme le remarque Hobson, la spécialisation géographique n'a pas achevé son évolution, l'exportation est encore relativement faible, le capital et le travail ne sont pas encore représentés par des quantités numériques très fortes.

La grande industrie métallurgique semblait devoir trouver en Grande-Bretagne son champ d'élection, puis. que la houille et le minerai de fer se rencontrent presque toujours dans les mêmes régions, et à proximité de la mer. L'on ne saurait nier que les mines de houille, en 1815, ont déjà un grand développement : le nombre des ouvriers s'y est accru dans de fortes proportions ; les « pompes à vapeur » s'y sont multipliées ; mais les conditions du travail n'ont pas profondément changé, et, dans les entreprises minières, la concentration capitaliste ne s'est pas effectuée autant qu'on aurait pu le croire. À considérer la métallurgie, on constate l'accroissement des hauts fourneaux et de leur rendement mais la grande industrie n'a pas triomphé partout la fabrication des menus objets (quincaillerie, bimbeloterie) se fait encore dans de petits ateliers.

L'évolution est-elle plus marquée dans l'industrie textile ? Il faut mettre à part la fabrication cotonnière. En 1815, la plupart des filatures de coton sont des établissements concentrés, dans lesquels le machinisme a triomphé. Mais le tissage du coton se fait surtout dans de petits ateliers, en chambre : les *hand loom weavers* se sont partout maintenus, malgré l'invention de la machine de Cartwright, qui date de 1785 ; c'est qu'ils consentent à recevoir de bas salaires. L'industrie se trouve toujours aux mains de *marchands-entrepreneurs*, comme au siècle précédent. L'évolution ne fait encore que se dessiner dans la fabrication de la toile irlandaise. En ce qui concerne l'industrie drapière, les machines commencent à pénétrer dans le Sud- Ouest ; mais partout ailleurs, même pour la filature, c'est l'industrie domestique qui prédomine. En 1806, sur 466 000 pièces de drap fabriquées dans le Yorkshire, 8 000 seulement proviennent des usines. Dans la bonneterie, l'évolution est encore moins avancée.

Il est vrai que l'organisation du crédit est supérieure à ce qu'elle est partout ailleurs. Les banques provinciales (*country banks*) sont nombreuses ; on en compte plus de 750 ; mais ce sont pour la plupart des banques « privées » ou qui se trouvent aux mains de très petites sociétés. La concentration financière ne se manifeste que dans la Banque d'Angleterre. L'industrie ne trouve donc pas tout le crédit dont elle aurait besoin ; aux époques de crises, elle éprouve de sérieux embarras financiers, et d'autant plus qu'en 1815 le change est défavorable, par suite de l'inflation fiduciaire.

Cependant, voici un signe du progrès de l'organisation nouvelle ; c'est le triomphe législatif de la liberté industrielle, du *freedom of contract*, qui se marque par l'abrogation, en 1813, du statut qui reconnaissait aux juges de paix le droit de fixer les salaires, et, en 1814, par l'abrogation des règlements sur l'apprentissage.

C'est dans la période de 1815 à 1850 que la grande industrie capitaliste triomphe vraiment en Angleterre. Dans la fabrication cotonnière, la concentration et le machinisme font les plus grands progrès, et la production s'accroît dans les plus fortes proportions ; n'oublions pas, en effet, que les cotonnades constituent la moitié des exportations de l'Angleterre. L'industrie de la toile elle-même est gagnée par la concentration et le machinisme. La métallurgie se transforme aussi dans le même sens. C'est seulement dans la fabrication drapière que les formes anciennes survivent, malgré les notables progrès du machinisme. Puis, surtout après 1836, la construction, en quelque sore fiévreuse, d'un grand nombre de lignes de chemins de fer va transformer toute la circulation intérieure et hâter la marche de l'évolution. Un signe, d'ailleurs, de toute cette évolution, ce sont les progrès de l'industrie houillère : l'exportation du charbon passe de 250 000 tonnes, en 1828, à 2 100 000, en 1845. Un autre signe, c'est l'accroissement énorme des matières premières importées : du coton (51 millions de livres, en 1813 ; 490, en 1841) et de la laine (9 775 000 livres, en 1820 ; 49 millions, en 1840).

Quant à la concentration capitaliste, elle se manifeste par la création d'innombrables sociétés anonymes. Plus de 600 se sont fondées depuis 1822, représentant un demi-milliard de livres sterling ; elles ont pour objets les assurances, les eaux, le gaz, les mines, les canaux, les ports, les chemins de fer. Les banques privées diminuent au profit de sociétés bancaires. De celles-ci, on comptait déjà 30, en

1833, pour l'Angleterre, 3, pour l'Irlande ; de 1833 à 1836, il s'en fonde 72 en Angleterre et 10 en Irlande, toutes émettant des billets. Cette floraison capitaliste a pour conséquences de grandes spéculations et des crises graves, comme celle qui éclata en 1825, et dont les effets se firent sentir jusqu'en 1832.

Est-ce à dire que l'évolution capitaliste soit achevée en Angleterre, vers 1850 ? En aucune façon. Les petits métiers sont encore nombreux. Les bonnetiers de Leicester, les tisserands en coton du Lancashire, les tisserands en laine de Norwich et de Bradford, qui travaillent en chambre, ont des salaires de famine, huit fois inférieurs à ceux des ouvriers de la grande industrie. Ce sont eux qui ont commis de nombreux bris de machines en 1835, et qui, en 1839, ont adhéré au chartisme.

Cependant, la grande industrie capitaliste joue déjà un rôle prépondérant ; et c'est la raison pour laquelle l'Angleterre a été la première à avoir une législation ouvrière (*factory acts*), dont les grandes lignes étaient déjà fixées en 1850 ; la loi des Dix Heures, de 1847, a été un événement décisif.

2. Progrès plus lents en France.

L'évolution capitaliste, en France, dans la première moitié du XIXe siècle est, quoique le prétende M. Choulguine, beaucoup moins avancée qu'en Angleterre. Au lendemain de la Révolution, comme M. Georges Hottenger le montre fortement pour la Lorraine, si les institutions juridiques ont été profondément modifiées, la vie économique reste ce qu'elle était sous l'Ancien Régime. Les événements de la Révolution ont même appauvri les villes. Les moyens de communication sont encore plus malaisés qu'avant la Révolution. Les transactions commerciales restent languissantes ; le crédit est fort mal organisé ; les banquiers font défaut et l'on doit recourir aux usuriers. Enfin, l'industrie manque d'ouvriers qualifiés et les améliorations, techniques apparaissent à peine.

En ce qui concerne l'industrie métallurgique, bien que quelques grandes usines aient été fondées, comme celle de Fourchambaut, bien que Le Creusot ait un outillage assez moderne, on s'en tient encore aux anciennes pratiques. La fonte au coke est encore assez peu employée et la fonte au bois reste prédominante : en 1840, la première n'est encore employée que dans 41 hauts fourneaux sur 462, et la transformation ne deviendra rapide qu'après 1840 et surtout après 1850 ; l'on verra alors la con. centration faire de grands progrès. La consommation de la houille quadruplera de 1830 à 1848.

L'industrie lainière n'a encore que fort peu l'aspect d'une industrie concentrée ; à Reims, par exemple, les petits ateliers l'emportent toujours sur les grands établissements. Cependant, à Louviers, dès la Restauration, on compte quelques belles usines, et, sous la monarchie de juillet, la filature mécanique de la laine peignée se développe beaucoup. C'est dans la fabrication cotonnière que la grande industrie, comme en Angleterre, fait les plus grands progrès, grâce à l'extension du machinisme, qui gagne même le tissage : en 1846, on compte déjà 31 000 métiers mécaniques. En 1848, il existe une centaine de papeteries mécaniques au lieu de quatre, en 1827).

Fait significatif : en 1847, on trouve en France environ 5 000 machines à vapeur, représentant une force de 60 000 chevaux-vapeur ; mais c'était encore peu de chose, si l'on songe que, cinquante ans plus tard, on en verra 100 000 avec une force de 2 millions 1/2 de chevaux-vapeur.

Un signe de la nouvelle organisation industrielle, c'est la décadence de l'industrie rurale et domestique : la fabrication de la toile disparaît presque complètement en Bretagne et dans le département de la Mayenne, qui deviennent des pays exclusivement agricoles. Dans des régions comme la Flandre et la Picardie, l'industrie rurale va céder le pas à la grande industrie, mais la transformation se fera plus lentement. C'est plutôt un cas exceptionnel que celui du Vivarais, où la filature de la soie est encore, en partie, une fabrication familiale, et où l'évolution ne sera achevée que dans la seconde moitié du XIXe siècle.

Toutefois, vers le milieu du XIXe siècle, la petite industrie joue encore en France un rôle important : elle prédomine toujours à Paris, comme le montre la *Statistique de* la Chambre de commerce, *de 1851. Dans la plupart des petites villes, on trouve surtout* des artisans, des petits patrons, comme en fait foi l'*Enquête du Comité du travail*, de 1848. Dans certaines industries, comme la ganterie grenobloise, la concentration ne se manifeste vraiment qu'à la fin du XIXe siècle.

L'activité commerciale et financière de la France ne s'est aussi développée qu'assez lentement dans la première moitié du XIXe siècle.

Considérons, en effet, que la longue série des guerres de la Révolution et de l'Empire avait à peu près anéanti notre empire colonial et notre commerce maritime. Celui-ci ne put se relever que peu à peu. Grâce à l'initiative d'un certain nombre d'armateurs (notamment de Bordelais), on s'efforça de renouer les anciennes relations ou d'en créer de nouvelles avec les régions du Pacifique et de l'Extrême-Orient. Malgré le régime protectionniste, néfaste au commerce extérieur, celui-ci réalise des progrès, qui, déjà appréciables à la fin de la Restauration, s'accélèrent beaucoup sous la monarchie de juillet. Le tonnage des entrées dans les ports français, qui était de 690 000 tonneaux, en 1820, d'un million en 1830, s'éleva, en 1845, à 2 300 000.

Quant au crédit et à l'organisation bancaire, leur développement est encore plus lent, surtout sous la Restauration. La Banque de France reste la principale institution de crédit. Cependant, des banques provinciales importantes (sociétés par actions disposant de capitaux assez considérables) se créent : de Bordeaux, dès 1818, de Rouen et Nantes, à peu près à la même époque, puis, de 1835 à 1838, les banques de Lyon, de Marseille, de Lille, du Havre, de Toulouse, d'Orléans. En 1830, la Banque de France escompte pour 239 millions de billets, en 1840 pour 251, tandis que les banques de province en escomptent pour 60, en 1848 ; la Banque de France escompte 288 millions de billets, et les autres banques, 90.

Ce que l'on appelle la « Haute Banque », et notamment la maison Rothschild, s'occupe surtout des emprunts d'État. Ces emprunts, qu'il était encore assez difficile de contracter au début du XIXe siècle, — puisque la Prusse, débitrice de Napoléon, eut toutes les peines du monde à trouver des prêteurs en Hollande —, se multiplient au cours de ce siècle et contribuent fortement aux progrès du capitalisme financier. Les grands établissements de crédit : Crédit mobilier, Comptoir d'Escompte, Crédit lyonnais, ne se créeront et développeront que dans la seconde moitié du siècle. La Bourse, il est vrai, devient plus active, surtout grâce aux spéculations, provoquées en particulier par la création des sociétés de chemins de fer. Cependant, on ne fait encore que s'acheminer vers le triomphe du capitalisme financier.

C'est aussi sous la monarchie de juillet que la publicité commerciale fait de grands progrès. Escomptant les profits que devaient lui procurer les « annonces », Émile de Girardin eut l'idée de créer la presse à bon marché ; en 1836, il constitua, pour fonder la Presse, une société par actions, au capital de 800 millions (les actions étaient de 250 francs). La même année fut créé le Siècle, au capital de 600 millions (actions de 200 fr.). La Presse eut bientôt 20 000 abonnés. Cette industrialisation de la presse fut une véritable révolution : tous les autres journaux suivirent l'impulsion et, de 1836 à 1845, rien qu'à Paris, 1 600 journaux furent fondés.

3. Renaissance économique de la Belgique.

Cependant, une manifestation significative clés progrès du capitalisme, ce fut l'essor économique de la Belgique, qui avait tant souffert, depuis le XVIe siècle, de la domination espagnole, et dont l'agriculture seule s'était relevée au XVIIIe. Voici que son industrie, dont la renaissance a commencé sous le Premier Empire, prend une marche plus rapide que celle de la France, grâce à ses ressources en houille, à sa situation géographique, aux qualités de ses habitants : la métallurgie, les manufactures cotonnières deviennent fort actives. Déjà, en 1822, le roi des Pays-Bas avait créé la Société générale pour favoriser le commerce et l'industrie, qui fut une institution utile, de crédit. Lorsque la Belgique fut devenue indépendante, à partir de 1830, le progrès économique s'accéléra encore. La Banque de Belgique, fondée en 1835, servit d'abord surtout de couverture aux spéculations royales, mais elle devait bientôt accroître notablement les forces capitalistes du pays. Vers 1850, on Peut prévoir que la Belgique constituera l'un des centres du capitalisme européen.

4. Persistance de l'ancienne économie dans l'Europe centrale, orientale et méridionale.

Par contre, les pays de l'Europe centrale, dans la première moitié du XIXe siècle, n'ont subi encore, que très faiblement l'emprise du capitalisme.

C'est toujours, l'ancienne économie qui prédomine en Allemagne. Une preuve, c'est qu'en Prusse, en 1816, la population rurale représente 73 % de la population totale, et en 1852, encore 71 %.

La petite industrie y tient une place beaucoup plus grande qu'en France. En certaines villes, 80 ou même 90 % des maîtres n'ont ni compagnon ni apprenti. En 1816, si l'on accepte les données des statistiques prussiennes, pour

100 maîtres, on ne compte que 56 employés (compagnons ou apprentis), et, en 1843, 76. C'est seulement en 1845 qu'une ordonnance prussienne (l'*Allgemeine Gewerbeordnung*) enlève aux corporations leur caractère obligatoire et établit partiellement la liberté du travail. Même dans les régions les plus industrielles, le capitalisme ne se manifeste que sous la forme de l'*entreprise* (*verlagsystem*) : tel est le cas des pays rhénans, de, la Westphalie, de la Saxe. L'industrie rurale, notamment dans la fabrication textile, a conservé son ancien caractère ; on se croirait toujours au XVIIIe siècle.

La grande industrie fait si peu de progrès qu'en y comprenant les houillères de Westphalie, de la Sarre et de Silésie, on ne compte encore que 7 500 chevaux-vapeur, pour toute l'Allemagne, en 1837, et 22 000, en 1846 ; plus de la moitié (14 000) sont employés dans les mines et la métallurgie. Dans cette dernière industrie, on ne trouve guère que de petits établissements. Aussi les mines de houille sont-elles encore peu actives ; celles de la Ruhr commencent à peine à être mises en valeur vers 1815 ; dans celles de Silésie, on ne travaille un peu activement que vers 1840. En 1846, toutes les mines prussiennes, aux filons si riches, ne produisent qu'environ 3 200 000 tonnes anglaises, tandis que les mines françaises en produisent 4 500 000.

L'industrie cotonnière, si active en Angleterre et en France, n'emploie, en 1831, que 25 500 métiers et 4 % d'entre eux seulement sont des métiers mécaniques. Les filatures mécaniques, — qu'il s'agisse de la laine, du chanvre ou même du coton -, sont toujours très peu nombreuses. En un mot, l'industrie textile constitue surtout une ressource d'appoint pour les paysans.

En Allemagne, les transformations industrielles, qui finiront par assurer le triomphe du capitalisme, sont surtout l'œuvre des gouvernements, et en particulier du gouvernement prussien, qui a créé le Gewerbe Institut, et qui, en prenant l'initiative du Zollverein, préparera l'unité économique de la Germanie. Mais, vers le milieu du siècle ; l'Allemagne est surtout un pays de paysans et d'artisans.

L'organisation du crédit est encore assez primitive. En Prusse, la principale institution bancaire est la Banque de Prusse, création de l'État. C'est en 1834 que fut fondée la Banque de Bavière et, en 1838, la Banque de Leipzig, qui, toutes deux, prospérèrent et contribuèrent à l'expansion économique de l'Allemagne dans la période suivante. Les banques privées ne jouent qu'un rôle assez faible, excepté à Francfort, qui reste, au XIXe siècle, le grand marché financier de l'Allemagne.

Le capitalisme s'est encore moins développé dans les divers pays de la monarchie autrichienne, qui ne sont pas encore dégagés du régime féodal. Seule, la ville de Vienne est un important marché financier.

Enfin, l'influence du capitalisme se fait très peu sentir dans l'Empire russe, presque exclusivement agricole, si l'on en excepte une partie de la Pologne. Cependant des manufactures — créations artificielles — existent dans quelques régions, notamment à Moscou ; mais la grande industrie est encore peu de chose. Ce qui montre, d'ailleurs, que l'économie de la Russie reste en grande partie celle du moyen âge, c'est le rôle qu'y joue toujours la grande foire de Nijni-Novgorod. Si le capitalisme commence à agir, c'est surtout du dehors, grâce aux progrès du commerce extérieur ; l'exportation des blés, notamment, contribue à accroître la quantité des capitaux, qui plus tard serviront le développement du capitalisme.

Dans l'Europe méridionale, en Italie, en Espagne, en Portugal, c'est toujours l'ancien régime économique qui subsiste, et qui subsistera encore longtemps, exception faite pour la Catalogne où se sont créées d'importantes manufactures.

5. Le capitalisme aux États-Unis.

Le capitalisme, qui s'est si merveilleusement développé aux États-Unis depuis cinquante ans, n'en est encore qu'à sa période de de début dans la première moitié du XIXᵉ siècle. Il est vrai que, dans les États du Nord, la grande industrie, le *factory system*, a commencé à s'implanter, tout au moins dans les fabrications textiles, et que les établissements concentrés s'y multiplient, surtout depuis 1825. Mais, d'autre part, l'industrie métallurgique, les mines de houille ne sont encore exploitées que par d'assez modestes entreprises. Tout compte fait, pour les objets manufacturés, les États-Unis sont encore tributaires de l'Europe, et notamment de l'Angleterre, malgré les tarifs protecteurs de 1816 et de 1824. On le comprend, si l'on songe que les Américains sont toujours préoccupés de mettre en valeur les immenses territoires des pays du centre ; leur expansion économique est donc plus extensive qu'intensive. Puis, les États du Sud, dans lesquels la culture du coton devient florissante, sont exclusivement agricoles et vivent du travail servile.

Toutefois, dans cette période, les grands progrès des voies et moyens de communication annoncent le développement futur. De nombreuses routes sont créées, du moins dans l'Est. Puis, à partir de 1830, la construction des chemins de fer y est plus rapide et plus intense que dans l'Europe continentale et même qu'en Angleterre, précisément parce que le réseau routier y est moins développé. Par l'application de la vapeur à la navigation, les États-Unis devancèrent aussi l'Europe ; depuis l'achèvement du canal de l'Érié, en 1825, la navigation intérieure devient très active. On peut donc dire que, si l'évolution du capitalisme y a été, d'abord plus lente que dans les pays les plus avancés de l'ancien continent, l'accumulation des capitaux, qui devient de plus en plus intense, prépare l'avenir capitaliste de La grande république américaine.

6. Le triomphe du capitalisme préparé par la transformation des moyens de communication.

Le triomphe, du capitalisme, dans la seconde moitié du Nixe siècle, sera préparé, par la transformation des voies de communication, par la navigation à vapeur et par les chemins de fer. Mais, dans la première moitié du siècle (exception faite, dans une certaine mesure, pour l'Angleterre), les conséquences économiques de cette « révolution » ne peuvent encore se faire sentir. En France, on n'a commencé à construire les grandes lignes de chemins de fer qu'à partir de 1842. Même constatation pour l'Allemagne : en 1851, 3 000 milles de voies ferrées étaient ouverts, tandis qu'en France on n'en comptait que 2 000 ; l'influence des nouveaux moyens de communication est encore plus marquée que dans notre pays. À ce point de vue, l'évolution est encore beaucoup plus tardive en Russie et dans toute l'Europe Orientale.

7. L'agriculture ne subit que très lentement l'influence du capitalisme.

Partout, en Europe, c'est l'agriculture qui sera la dernière touchée par le capitalisme. L'Angleterre fait exception à la règle dans une certaine mesure ; l'élimination de la petite propriété paysanne, la constitution des grands domaines aristocratiques ont eu pour conséquence de faire prédominer en ce pays la grande exploitation : le *farmer*, profondément différent du fermier français ou allemand, dispose le plus souvent d'un capital important, et il peut mener son entreprise agricole comme une affaire industrielle.

Sur le continent, les choses se passent tout autrement. Il nous semble que les effets de la hausse des prix, à laquelle Sombart attache une si grande importance, ne se sont guère fait sentir dans la première moitié du XIXe siècle ; c'est seulement dans la seconde que la rente foncière s'est fortement accrue et que la « mobilisation du sol » s'est produite.

En France, surtout jusque vers 1840, l'économie rurale rappelle de très près celle de l'Ancien Régime, bien que la condition sociale des paysans se soit améliorée, par suite de l'abolition du régime seigneurial et de la vente des biens nationaux, toutes deux œuvres de la Révolution. Mais ce sont toujours à peu près les mêmes procédés agricoles, malgré l'extension des prairies artificielles, malgré d'assez nombreux défrichements et les progrès de quelques cultures nouvelles, comme la pomme de terre. Seuls, les pays riches ont vu se réaliser des améliorations notables ; dans les régions arriérées, les progrès sont encore très lents.

C'est seulement à partir de 1840 que commence à se dessiner une transformation, qui n'atteindra toute son amplitude qu'après 1860. À cet égard, les progrès des voies de communication joueront un rôle de premier ordre, et il faut tenir compte aussi de l'application de la science à l'agriculture, du retour à la terre, surtout dans l'Ouest, après la révolution de juillet, de la classe des propriétaires nobles, légitimistes pour la plupart.

En Allemagne, surtout dans l'Allemagne de l'Ouest et du Sud, l'évolution ne semble pas avoir été très différente ; l'industrie rurale s'y est même conservée plus longtemps qu'en France : comme le montre W. Sombart, elle reste prospère jusque vers 1850. Seuls, les grands domaines aristocratiques de l'Est ont connu une évolution plus rapide ; leurs propriétaires ont pu, consacrer à l'agriculture des capitaux plus considérables et traiter leurs exploitations, qu'ils gèrent par le faire-valoir direct, un peu à la façon d'établissements industriels.

Aux États-Unis, l'agriculture présente un aspect particulier. C'est, en effet, un pays neuf et comprenant une grande variété de sols et de climats. Aussi y voit-on figurer, en même temps, l'agriculture primitive, le système de la jachère, les rotations de cultures scientifiques. Toutefois, dans la première moitié du siècle, il s'agit surtout d'une culture extensive, et qui reste encore, dans une forte mesure, hors de l'emprise du capitalisme.

En Russie, où s'est perpétué le régime du servage et du *mir*, l'agriculture conserve davantage encore son caractère primitif ; c'est ce que montre très nettement le livre de Schkaff sur la *Question agraire en Russie*.

En un mot, vers 1850, l'agriculture reste toujours soumise à l'ancienne économie familiale ; elle ne commencera à « s'industrialiser », à se « commercialiser » que dans la seconde moitié du siècle. Et même au XXe siècle, — exception faite pour les États-Unis —, elle n'a subi encore que dans une certaine mesure l'influence du capitalisme ; elle n'est pas encore tombée complètement sous la domination de l'industrie et du commerce. La technique s'est, en grande partie, transformée, mais la nature même du travail agricole conserve plus longtemps que sur d'autres domaines bien des traits de l'ancienne organisation économique et sociale.

8. Conclusion.

En dernière analyse, vers le milieu du XIXe siècle, l'avènement du régime capitaliste s'annonce clairement, mais ce n'est pas encore un fait accompli. Son triomphe n'aura lieu que plus tard. Même dans les pays où l'évolution a été la plus rapide, bien des traits de l'ancienne organisation subsistent. En matière industrielle, la concentration est loin de s'être partout produite ; on ne peut guère parler encore d' « intégration » ; nulle part ne se sont formés des cartels ou des trusts. L'organisation du crédit, le régime bancaire, malgré de très grands progrès, sont encore relativement rudimentaires. Et que dire de pays, comme les États de l'Europe Orientale et même de l'Europe méridionale, où le capitalisme, n'apparaît encore le plus souvent que de l'extérieur !

Remarquons encore que, vers 1850, c'est seulement en Angleterre que la concentration géographique de l'industrie semble près de s'achever. En aucun autre pays non plus, on ne perçoit au même point l'une des conséquences les plus curieuses des progrès du capitalisme et de la grande industrie : nous voulons dire l'accroissement de la population, accroissement sans lequel, suivant la remarque de Sombart, le plein triomphe de ce capitalisme n'eût pas été possible.

Le régime capitaliste, qui, longtemps embryonnaire, avait mis tant de siècles à se préparer, a eu une lente, pénible adolescence. Même au XXᵉ siècle, l'évolution est loin d'être pleinement achevée. Telle est sans doute l'une des raisons qui expliquent la solidité du capitalisme moderne ; ce n'est pas une œuvre artificielle ; des milliers de causes ont contribué à l'édifier. Il est donc probable qu'une révolution sociale brusque, catastrophique, sera incapable de le mettre à bas, contrairement à ce que pensait, en 1847, lorsqu'il rédigeait son *Manifeste communiste*, Karl Marx, qui n'en avait pas sondé toutes les assises profondes.

Chapitre IX

Les répercussions sociales de l'évolution capitaliste

Il serait intéressant de pouvoir se représenter avec précision les répercussions sociales de tout ce mouvement économique qui a abouti au triomphe du capitalisme.

1. Influence du capitalisme sur la propriété foncière et le régime agraire (Angleterre, France, Pays baltiques).

La première question qui se pose, c'est d'examiner l'influence que les progrès du capitalisme ont pu avoir sur le régime de la propriété foncière, et par suite sur la condition des paysans dans les divers pays. À ce point de vue, l'exemple de l'Angleterre semble être particulièrement instructif.

En ce pays, comme partout ailleurs, le passage de la *naturalwirthschaft* à la *geldwirthschaft*, conséquence de l'extension du commerce, a contribué au remplacement des corvées par des redevances pécuniaires et, par conséquent, à l'affranchissement des paysans, à l'amélioration de leur condition.

Au XVe siècle, l'industrie drapière se développe de plus en plus en Angleterre et commence à travailler pour l'exportation ; la demande de laine devient de plus en plus forte. Voilà pourquoi l'élevage du mouton, le *sheep farming*, prend de plus en plus d'importance, surtout dans le sud et l'est du royaume. Aux anciennes formes de tenures commence à se substituer le *fermage*. C'est ainsi que l'industrie va peu à peu exercer une action dissolvante sur l'ancienne économie rurale.

La hausse des prix, qui se manifeste, comme partout, au XVIe siècle, pousse aussi les seigneurs à arrondir leur domaine proche, comme à faire hausser les rentes coutumières auxquelles sont astreints les tenanciers. Voilà pourquoi la pratique de l'*enclosure* se développe de plus en plus ; déjà, on perçoit les évictions de nombreux tenanciers, la concentration de la propriété au profit des seigneurs et au grand détriment de la petite propriété paysanne, tandis que le *sheep farming* diminue le nombre des travailleurs salariés.

Toutefois, c'est au XVIIIe siècle que les *enclosures* produisent leur plein effet et aboutissent à l'élimination presque complète de la propriété paysanne, ainsi qu'à la dépopulation des campagnes. Contrairement à ce que l'on a dit parfois, la « révolution industrielle » n'a pas été la cause essentielle de ce grand mouvement ; ce serait plutôt l'inverse, mais, par une sorte de choc en retour, l'avènement de la grande industrie a contribué à l'achèvement de la transformation agraire, et d'autant plus que l'industrie rurale est profondément atteinte. D'ailleurs, ni l'élimination de la petite propriété paysanne, ni la dépopulation des campagnes ne se sont partout produites avec la même intensité ; M. Moffit montre qu'en ce qui concerne le Lancashire, ce mouvement, de 1740 à 1760, n'a pas été très intense.

Le développement du capitalisme commercial a exercé aussi une certaine influence sur la formation des grandes propriétés foncières (*estates*). Bien des riches négociants acquièrent des terres et font souche de gentlemen ; comme le dit D. de Foe, « leurs fils ou tout au moins leurs petits-fils feront d'aussi bons parlementaires, hommes d'État, membres du Conseil privé, juges, évêques et gens de qualité de tout ordre que ceux que la naissance attache aux anciennes familles ». En France, ce sont surtout les charges publiques que recherchent les fils des nouveaux riches, charges qui leur confèrent aussi la noblesse.

Si, en France, la petite propriété paysanne, comme le régime seigneurial, s'est maintenue intacte jusqu'à la

Révolution, cela tient, en partie, à ce que cette contrée n'a subi que beaucoup plus lentement les atteintes du capitalisme, bien que, comme l'a montré M. Paul Raveau, dans certaines régions, au XVIe siècle, l'afflux du numéraire, les progrès de la spéculation aient pu opérer une certaine concentration de la propriété foncière et produire plus de mobilité, et d'instabilité dans l'état social des campagnes. Mais, en France, il ne s'est produit rien de semblable au développement extraordinaire de l'industrie drapière anglaise. Le grand commerce maritime n'a jamais eu la même extension en notre pays qu'en Angleterre ; au XVIIe et au XVIIIe siècle, les capitaux mobiliers ne jouent nullement le rôle qu'on leur voit jouer en Angleterre. Les campagnes ne commencent à subir les atteintes du capitalisme qu'au XVIIIe siècle, et celui-ci ne se manifeste que par l'extension de l'industrie rurale. On n'a donc aucune raison de substituer l'élevage à la culture, les pâturages aux terres cultivées. N'oublions pas non plus que les cultivateurs ne produisent, pour ainsi dire, pas pour l'exportation, car la sortie du blé est prohibée et la liberté du commerce des grains ne commencera à apparaître qu'à la fin de l'ancien régime. Le domaine seigneurial conserve donc sa forme traditionnelle. L'exploitation agricole reste à peu près immuable ; le seigneur, loin d'opérer la concentration de ses fermes, continue à partager son domaine entre de petits ou moyens métayers et fermiers. C'est seulement au XVIIIe siècle que le système des grandes fermes commence à apparaître dans quelques contrées, dans celles précisément où l'agriculture est devenue prospère, comme la Beauce et le nord de la France. L'éparpillement de l'exploitation subsiste, tout comme la dissémination de la propriété. Les nobles, qui souvent vivent surtout des revenus de leurs « fiefs », ont intérêt au maintien intégral du régime seigneurial. On n'a pu et on n'a voulu réaliser aucune mesure analogue à celle des enclosures anglaises.

Les progrès du capitalisme commercial semblent aussi avoir contribué à modifier le régime agraire des pays de la Baltique, à accroître, en ces contrées, la sujétion des paysans et à renforcer la grande propriété noble. C'est que les pays limitrophes de la Baltique (Pologne, Livonie, Danemark, Russie) sont grands producteurs des céréales, dont les États du Sud de l'Europe ont besoin pour leur subsistance. Par Stettin, puis par Hambourg, plus tard encore par Dantzig et Riga (villes qui toutes se trouvent au débouché de fleuves navigables), la Hanse d'abord, puis les Hollandais, aux XVIIe et XVIIIe siècles, exportent d'énormes quantités de blé. Bien que la culture des pays de la Baltiqne soit très négligée, les nobles parviennent à vendre à l'étranger beaucoup de froment et de seigle, en forçant les paysans à se contenter de pain d'orge ou d'avoine, car c'est avec leur blé qu'ils pourront se procurer, très cher, les objets de luxe qu'ils convoitent. Ils ont intérêt à accroître leurs domaines, et une main-d'œuvre abondante leur devient de plus en plus nécessaire pour les cultiver ; le servage s'implante dans le Nord-Est de l'Europe, précisément à l'époque où, dans l'Ouest de l'Europe, se prépare l'émancipation des paysans. C'est ainsi qu'au XVIe siècle les paysans polonais, autrefois libres et soumis seulement à des cens, deviennent, pour la plupart, des serfs.

Toutefois, dans les pays de la Baltique, il s'agit d'une action, en quelque sorte, indirecte et extérieure du capitalisme. Mais, lorsque le capitalisme se développe dans les régions mêmes où le servage s'est conservé, il va contribuer à le faire disparaître, à provoquer l'émancipation personnelle des paysans, car le travail servile est moins productif que le travail libre. C'est ainsi qu'en Pologne, au XVIIIe siècle, un certain nombre de grands seigneurs, laïques et ecclésiastiques, font appel à des colons allemands, qu'ils soumettent, non à des corvées, mais au cens, qu'ils laissent jouir de la liberté personnelle et d'une véritable autonomie communale. Chose curieuse, ce furent les grands seigneurs polonais qui soutinrent la cause de l'affranchissement des serfs aux diètes de 1774, 1775, 1788, 1791, tandis que les petits seigneurs, qui ne pouvaient se passer des corvées serviles, s'y montraient hostiles. Ces faits nouveaux ont été mis en lumière par M. Rutkowski dans un important travail (en polonais), intitulé *Le problème de la réforme agraire en Pologne au XVIIIᵉ siècle* (Poznan, 1925).

Puis on a besoin de salariés pour la grande industrie naissante. Tel est notamment le cas de la monarchie austro-hongroise, où l'affranchissement des dernières charges serviles et des droits seigneuriaux ne s'est produit qu'à la suite de la Révolution de 1848. D'ailleurs, dans l'Europe centrale, l'émancipation n'a pas réduit, bien au contraire, l'étendue de la propriété noble ; en Prusse notamment, elle a favorisé l'extension et la productivité de la grande propriété.

Le phénomène est encore beaucoup plus apparent en Russie. Le développement de la vie urbaine, au XIXᵉ siècle, accentue le caractère commercial de l'agriculture. On s'efforce donc d'intensifier la culture ; mais on reconnaît qu'il est impossible d'accroître vraiment la production en conservant le servage, qui empêche tout progrès agricole. L'économie capitaliste imposait donc l'émancipation ; la campagne humanitaire des écrivains russes et la guerre de Crimée n'ont été que les causes accidentelles, qui ont seulement hâté la réforme de 1861. L'émancipation aura, d'ailleurs, pour conséquence d'accroître la main-d'œuvre agricole et industrielle et, par conséquent, contribuera aux progrès du capitalisme commercial et industriel.

2. Le capitalisme et l'abolition de l'esclavage.

Il semble aussi que l'abolition de l'esclavage se trouve en relation plus ou moins directe avec les progrès du capitalisme. À première vue, il semble qu'elle soit le produit des sentiments philanthropiques et des idées libératrices, qui se sont manifestées si fortement pendant la

150

Révolution française. On ne peut nier l'influence des principes de 89, ni l'action de certaines sectes protestantes. Mais les progrès de la grande industrie ne demandaient+ils pas aussi l'accroissement d'une main-d'œuvre, dégagée de tout lien servile ? Adam Smith déclarait déjà, dans *La richesse des Nations* :

« L'expérience de tous les temps et de toutes les nations s'accorde pour démontrer que l'ouvrage, fait par des esclaves, quoiqu'il paraisse ne coûter que les frais de leur subsistance, est, au bout du compte, le plus cher de tous. Celui qui ne peut rien acquérir en propre ne peut avoir d'autre intérêt que de manger le plus possible et de travailler le moins possible ».

Aux États-Unis, ce sont les États commerçants et industriels du Nord qui ont soutenu la cause de l'émancipation. À la suite de leur victoire, l'industrie a commencé à se développer dans les anciens États à esclaves.

D'ailleurs, parmi les écrivains qui se prononçaient pour l'émancipation des noirs, il y en avait un bon nombre qui invoquaient des raisons d'ordre économique. Tels, H. C. Carey, dans *The slave trade, domestic and foreign*, et Helper, dans *Impending* crisis *; tous deux considéraient que les progrès de l'industrie et du commerce étaient* incompatibles avec le maintien de l'esclavage. Les États du Sud restaient fidèles à l'ancienne économie. Mais, vers le milieu du siècle, il était bien visible que le travail servile était peu rémunérateur, d'autant plus que le prix des esclaves ne cessait de s'élever. Les colons du Sud, pour conjurer la crise qui les menaçait, auraient eu besoin, soit d'obtenir le rétablissement de la traite, ce qui était impossible, car elle était condamnée par l'opinion de tous les peuples civilisés, soit de mettre en valeur de nouvelles contrées, plus fertiles ; et c'est pourquoi ils se sont efforcés d'introduire l'esclavage dans les nouveaux États du centre. Or, cette prétention a été, on le sait, la cause directe de la guerre de Sécession.

On a vu que l'esclavage et la traite négrière ont contribué, à édifier le capitalisme ; il semble bien que le développement de ce même capitalisme n'ait pas été sans influence sur leur abolition.

3. Influence du capitalisme sur les transformations des classes ouvrières et marchandes.

La répercussion des différentes phases de l'évolution capitaliste sur la condition des classes marchandes et ouvrières se perçoit encore plus facilement.

Tant que le capitalisme commercial a été prépondérant, c'est la classe des négociants qui, dans la vie économique, joue un rôle de premier plan. Les artisans de la campagne sont tombés, on l'a vu, sous leur dépendance économique et bon nombre aussi de maîtres des villes, tout au moins dans l'industrie textile.

Les négociants ont ouvert la voie aux patrons industriels de la période qui voit le triomphe de l'industrie capitaliste. Mais ceux-ci, comme le remarque justement M. Mantoux, ne sont pas « purement et simplement les successeurs des *marchands manufacturiers* du XVIIIᵉ siècle ». Cet historien observe très finement encore que souvent les entrepreneurs ne se résignaient pas aisément à modifier les habitudes « qu'ils avaient pratiquées de père en fils ». Il note qu'en fait bien des chefs d'industrie viennent des campagnes, sortent, comme les Peel, de la classe moitié agricole, moitié industrielle, qui jouait un rôle si considérable en Angleterre. Toutefois, cela ne paraît pas être le cas des maîtres de forges, qui, le plus souvent, de pères en fils, se spécialisent dans l'industrie métallurgique.

En France, comme le montre M. Charles Ballot, bon nombre de patrons industriels sont aussi des hommes nouveaux : tel, Richard-Lenoir, fils d'un fermier ; tel, Oberkampf, fils d'un teinturier. D'autre part, il est vrai, ou peut citer le cas de François Perret, fabricant d'étoffes de soie de Lyon, qui fonde la grande manufacture de coton de Neuville, en 1780.

D'ailleurs, à chaque phase de l'évolution, comme le montre fortement M. Pirenne, dans son admirable mémoire sur les *Périodes de l'histoire sociale du capitalisme*, les hommes qui font triompher une forme nouvelle de l'organisation économique apparaissent comme des self made men, des parvenus, des « nouveaux riches », tandis que les représentants de la forme plus ancienne quittent le monde des affaires, aspirent au repos, ne cherchent plus qu'à entrer dans les rangs de l'ancienne aristocratie. En Angleterre, leur grande ambition, c'est de faire partie de la *gentry* et, lorsqu'ils y seront parvenus, ils mépriseront les hommes d'affaires ; en France, ils recherchent les fonctions publiques, les charges qui les anobliront.

4. La question ouvrière.

La classe des artisans, qui, dans l'industrie textile, était tombée en partie sous la dépendance des entrepreneurs capitalistes, contribue à constituer la classe des ouvriers salariés ; beaucoup d'ouvriers campagnards grossissent aussi les effectifs du prolétariat urbain. Mais l'évolution est plus lente et moins intense en France qu'en Angleterre, car, dans notre pays, le mouvement des *enclosures*, qui a vidé les campagnes anglaises, ne s'est pas produit et la petite propriété paysanne s'est maintenue. En France, comme en Angleterre, la grande industrie capitaliste a pour effet de creuser un fossé, souvent infranchissable, entre la classe des employeurs et celle des employés. La classe ouvrière va donc prendre une conscience plus nette de ses intérêts collectifs, ce qu'elle n'a pu faire à une époque où le maître et le compagnon avaient à peu près le même mode de vie, où, entre les diverses classes industrielles, il n'existait pas de séparation aussi tranchée. Les travailleurs vont s'organiser pour défendre leurs *intérêts de classe*, et beaucoup plus tôt en Angleterre qu'en France, parce que l'évolution y a été plus précoce et a porté sur des masses bien plus denses. Maintenant, la question qui se pose, ce n'est plus, comme en 1789, la *question paysanne*, mais bien la *question ouvrière*.

L'emploi des enfants et des femmes dans l'industrie apparaît aussi comme l'une des conséquences sociales les plus frappantes de la révolution économique qui s'opère. En Angleterre, l'emploi des enfants s'est manifesté beaucoup plus tôt et les abus étaient si flagrants que, dès 1802, une loi fut votée pour réglementer le travail des enfants. En France, c'est à l'époque napoléonienne que l'emploi des enfants (il s'agit d'abord surtout des enfants assistés) se généralise dans l'industrie cotonnière. Le travail des femmes dans les manufactures a été plus tardif aussi. On peut saisir dans ces phénomènes une conséquence directe de la création de la grande industrie capitaliste. Les usiniers trouvent avantage à employer ces femmes et ces enfants, dont les salaires sont inférieurs à ceux des hommes.

Les ouvriers, dans l'ensemble, se montrent hostiles à la transformation industrielle et surtout à l'introduction du machinisme. En Angleterre, cette hostilité se manifeste très fortement dans les vingt dernières années du XVIIIe siècle et au début du XIXe ; les bris de machines sont des épisodes très fréquents, et l'on sait la gravité du mouvement des *luddites* (1811-1812). En France, à Rouen, une émeute populaire détruisit, en juillet 1789, l'établissement de Brisout de Barneville, mais sous le Premier Empireon ne signale aucun acte de violence. À partir de 1815, les manifestations contre le machinisme devinrent plus fréquentes, mais sans prendre les mêmes proportions qu'en Angleterre. C'est que l'évolution y fut plus lente.

Un fait bien frappant, en effet, c'est qu'avant de prendre l'aspect d'une classe révolutionnaire, les ouvriers, dans leur ensemble, se distinguent par leurs tendances *conservatrices*. On le comprend : ils songent surtout, — et c'est bien naturel, — aux souffrances que leur infligent les innovations. Aussi, en Angleterre, demandent-ils le maintien, l'application de l'ancienne législation d'Élisabeth, de la réglementation fixée par le *Statute of artificers*, de 1563 ; ils veulent que l'on conserve l'obligation de l'apprentissage, la limitation du nombre des apprentis, la fixation des salaires par les juges de paix. Le principe du laissez-faire triomphe du principe d'intervention : en 1813 et 1814, c'est l'abrogation des règlements relatifs aux salaires et à l'apprentissage. La classe novatrice paraît être, au contraire, celle des nouveaux chefs d'industrie, entreprenants préoccupés avant tout d'accroître la production. Mais à peine triomphent-ils que de nombreux penseurs vont entreprendre la critique de la société capitaliste, en même temps que les travailleurs vont organiser la lutte contre leurs employeurs.

Que la formation de la grande industrie, du moins, au début, ait aggravé les souffrances de la classe ouvrière, cela ne fait pas de doute. Toutefois, ne l'oublions pas, avant même l'ère de la grande industrie, et dans des pays essentiellement agricoles, comme la Bretagne, on se trouve déjà en présence d'un prolétariat ouvrier plus nombreux qu'on ne le croit d'ordinaire. Le régime de la petite industrie n'empêchait pas la misère. Les corporations, en admettant qu'elles aient exercé une action sociale bienfaisante, ne touchaient qu'un nombre minime d'artisans, car bien des villes ne possédaient pas de jurandes et c'est bien rarement que, même dans les villes qui en possédaient, la majorité des métiers avait adopté l'organisation corporative.

Si l'on envisage maintenant l'Angleterre de la première moitié du XIXe siècle, on reconnaîtra, avec M. Élie Halévy, que, vers 1839, les ouvriers de la grande industrie étaient relativement favorisés. Les parias, ce sont les bonnetiers de Leicester, les tisserands en soieries de Spitalfields, les tisserands en laine du Yorkshire, les tisserands en

155

cotonnades du Lancashire, tous ouvriers en chambre, dont les salaires sont huit fois plus faibles que ceux des ouvriers d'usines, et qui se maintiennent, précisément à cause des bas salaires qu'ils supportent. Ils sont si l'on veut, les victimes de la concentration industrielle et du machinisme, mais d'une façon indirecte. Ce sont ces malheureux survivants d'un régime industriel périmé qui constituent les principaux effectifs du mouvement chartiste, que les syndicats ouvriers de la grande industrie finissent par abandonner. En France, à la même époque, on peut constater des faits analogues : Adolphe Blanqui remarque que les manufactures n'ayant qu'un outillage rudimentaire ne peuvent lutter contre la concurrence d'établissements mieux organisés qu'à la condition de réduire les salaires de leurs ouvriers.

5. Grâce au capitalisme, les distinctions économiques se substituent aux distinctions juridiques.

Une autre conséquence du triomphe du capitalisme, ce sera de donner aux classes sociales un fondement plus économique que juridique.

Or, c'était l'inverse qui se produisait sous l'ancien régime. Aux XVIIᵉet XVIIIᵉ siècles, en France, on a vu se renforcer les distinctions sociales d'ordre juridique. C'est ainsi que la noblesse, bien que continuant à se recruter, en une certaine mesure, dans la classe des enrichis (surtout dans le monde des gens de finance), tend aussi à devenir, par certains côtés, une caste fermée. Les réformations de la noblesse de l'époque de Louis XIV, bien qu'ayant été surtout des mesures fiscales, ont retranché de la noblesse les familles de récente extraction, surtout les familles qui continuent à se livrer au commerce, les magistrats des sièges secondaires, les gentilshommes enfin qui sont trop pauvres pour faire valoir leurs droits. Ainsi, au XVIIIᵉ siècle, les sièges parlementaires sont fermés aux roturiers et, d'autre part, la noblesse n'a plus guère d'autre ressource ou d'occupation que les charges militaires. Le fossé se creuse de plus en plus entre les nobles et les roturiers.

La Révolution a eu précisément pour effet de détruire, les distinctions juridiques qui existaient entre les classes, d'établir entre ions les citoyens l'égalité de droits. En1789, c'était tout le Tiers État qui s'était levé pour réclamer l'abolition des privilèges de l'aristocratie, l'admission de tous à tous les emplois, l'anéantissement du régime seigneurial.

Nul doute que le développement économique, qui se manifestait à cette époque, la première poussée du capitalisme n'aient grandement contribué à la transformation sociale qui s'opère aux approches de 1789 ; la classe des négociants, des hommes d'affaire a pris une part active aux événements révolutionnaires ; on commence à s'en rendre compte, et de nouvelles études achèveront de mettre en lumière ce fait si important.

Il convient de remarquer que, tant que les classes sociales se distinguent surtout par leurs caractères juridiques, les individu-, qui les composent n'ont qu'une notion assez confuse de la classe sociale à laquelle ils appartiennent respectivement. Voici, par exemple, la noblesse sous l'ancien régime. Nous voyons qu'elle comprend bien des catégories distinctes, en ce qui concerne non seulement la condition de fortune et le mode de vie, mais aussi les privilèges ; il existe de grandes différences entre la noblesse de cour et les gentilshommes campagnards, entre la noblesse d'épée et la noblesse de robe. Les nobles ont bien conscience d'appartenir à une caste privilégiée, par rapport aux non-nobles, mais ils songent surtout aux privilèges *particuliers* de la catégorie à laquelle ils appartiennent, et, en fin de compte, ce sont leurs *intérêts de famille* qui leur tiennent le, plus à cœur. La noblesse aux États de Bretagne se préoccupe surtout de ses privilèges, en tant que constituant l'ordre le plus influent de l'assemblée. Dans ses démêlés avec le gouvernement royal ou ses représentants, il aurait des chances sérieuses de l'emporter s'il combinait ses efforts avec ceux du Parlement de Bretagne, qui, au XVIIIᵉ siècle du moins, se compose exclusivement de nobles. Il ne le fait pas, et le Parlement, de son côté, songe surtout à ses intérêts particuliers ; il obéit à l'*esprit de corps*, plus encore qu'à ses intérêts de classe. En somme, la noblesse, pas plus que les autres classes, avant la Révolution, n'a une idée nette de ses intérêts collectifs.

En 1789, lorsque les privilégiés se défendent contre les revendications du Tiers État, c'est surtout un ensemble de privilèges particuliers qu'ils s'efforcent de sauvegarder, sans se sentir vraiment solidaires les uns des autres. Les non privilégiés, au contraire, se rendent compte qu'ils ont tous les mêmes revendications à soutenir, les mêmes abus à combattre, et c'est pourquoi, faisant bloc contre les premiers ordres de l'État, ils sentent qu'ils représentent vraiment la nation. Mais ni la bourgeoisie, ni même les paysans ne considèrent qu'ils forment des classes bien définies. On sait combien de catégories distinctes comprend la bourgeoisie des villes. Dans les campagnes, propriétaires aisés et petits propriétaires, fermiers ou métayers, journaliers dénués de propriété : autant de catégories distinctes, dont les intérêts sont souvent bien différents. Et c'est ainsi que, pour la mise en valeur des terres incultes, s'opposent les propriétaires aisés et la masse des paysans : celle-ci veut conserver ses droits d'usage sur les « communaux », que les premiers ont, au contraire, intérêt à s'approprier par des afféagements ou des partages. Un régime de privilèges antagonistes, voilà l'un des traits les plus caractéristiques de toute la société d'ancien régime.

Au XIXᵉ siècle, au contraire, la notion de classes sociales et la conscience qu'en ont les individus qui les composent s'affirment de plus en plus nettement. L'une des grandes raisons (il en est d'autres), c'est que l'abolition des classes *juridiques* et les progrès du capitalisme ont eu pour effet une nouvelle répartition des classes sociales, fondée sur leur rôle économique. La classe du haut négoce, des patrons de la grande industrie prend une importance croissante. Le fossé se creuse, de plus en plus profond, entre les employeurs et les ouvriers qu'ils font travailler. C'est alors que se crée réellement la classe ouvrière, qu'elle commence à prendre conscience de ses intérêts *collectifs*. Dans la société contemporaine, la distinction des classes est donc essentiellement d'ordre économique. Et, comme la classe dirigeante, la classe capitaliste se compose, en bonne partie, d'hommes nouveaux, de *self made men*, comme on y pénètre souvent grâce à des qualités personnelles, cette nouvelle conception des classes sociales se lie très étroitement avec l'organisation individualiste de la société. L'individu est attaché bien moins étroitement qu'autrefois au groupe dont il fait partie ; sans doute, au point de vue économique, il a des intérêts de classe mais, sur tout autre domaine (intellectuel, politique, etc.), il peut se lier à d'autres groupements. La mobilité sociale, dans la société contemporaine, apparaît beaucoup plus grande qu'elle n'était autrefois. Cette société si individualiste forme le contraste le plus frappant avec le régime immuable des castes de l'Inde, tel qu'il s'est conservé jusqu'à présent.

En même temps, comme on l'a justement remarqué, la division du travail social devient de plus en plus grande. Qu'il s'agisse de fonctions administratives ou de fonctions politiques, la *spécialisation* s'accentue de plus en plus. Sans cesse, il se crée de nouveaux *métiers*, de nouvelles industries ou commerces accessoires, et ce phénomène a d'ailleurs pour effet, comme l'a remarqué Bernstein, de retarder la concentration économique.

Voilà pourquoi l'artisanat n'est pas près de disparaître. Pour grands qu'aient été les progrès du capitalisme, son triomphe n'est pas aussi complet que se l'imaginait Karl Marx. Bien des traits de l'ancienne organisation du travail subsistent, même dans les pays où l'évolution capitaliste est le plus avancée.

Telle est l'une des réserves à faire à la philosophie marxiste. L'étude des faits nous en révèle d'autres. Si la conscience plus nette de ses intérêts collectifs est, pour une bonne part, chez la classe ouvrière, la conséquence de la concentration industrielle, elle ne s'est affirmée ni aussi rapidement, ni aussi complètement que l'assure la doctrine marxiste. Ainsi, en Angleterre, dès 1839, les *trade unions* se désintéressèrent du mouvement chartiste. Un militant le constatait :

> « Le chartisme ne peut obtenir l'unanimité que dans les rangs des ouvriers les plus mal payés. Les hommes qui gagnent 30 shillings par semaine ne se préoccupent pas de ceux qui en gagnent 15, et ceux-ci se soucient aussi peu de ceux qui en gagnent 5 ou 6. Il y a une aristocratie parmi les travailleurs, comme il y en a une dans le monde bourgeois. »

M. Halévy note très justement aussi que le mouvement chartiste, « qui ne fut qu'une révolte de la faim », ne procédait d'aucune idéologie socialiste. Enfin, c'est un fait bien digne de remarque que, dans la première moitié du XIXe siècle, la floraison des doctrines socialistes fut beaucoup moins vigoureuse en Angleterre, où cependant la « révolution industrielle » fut précoce, intense, et s'accompagna de graves troubles sociaux, qu'en France où le capitalisme industriel se manifesta plus tardivement et avec bien moins de vigueur. N'est-ce pas, dans une certaine mesure, la continuation de l'admirable mouvement (Vidées du XVIIIe siècle ? Il est aussi bien intéressant de constater que, dans notre pays, la propagande des idées socialistes eut surtout du succès parmi les ouvriers parisiens, ouvriers de la petite industrie, ouvriers d'art, dont la condition n'avait guère changé depuis l'ancien régime. Les ouvriers de la grande industrie se montraient bien plus réfractaires aux doctrines nouvelles.

Les répercussions sociales du capitalisme ne peuvent donc pas se représenter par des formules aussi tranchées que le pense l'orthodoxie marxiste. Il faut faire sa part à l'influence des idées, ne pas prendre au pied de la lettre « le matérialisme historique ». Si le triomphe du capitalisme a rendu possible la constitution de partis de classe, comme le sont les partis socialistes, l'influence des théoriciens, et en particulier de Karl Marx, y a été pour quelque chose, et même pour beaucoup ; ils ont largement contribué à éveiller, chez les prolétaires, la « conscience de classe ». Celle-ci, d'ailleurs, n'est pas née brusquement ; encore obscure au XVIIIe siècle, elle n'est sortie que peu à peu du domaine du « subconscient » ; on saisit aussi, à cet égard, les effets d'une lente évolution, déterminée par des phénomènes complexes, que souvent notre esprit n'est que trop disposé à simplifier d'une façon excessive.

Conclusion

I

Par tout ce qui précède, on voit bien clairement que l'existence de capitaux ne suffit pas pour créer une société capitaliste, mais l'on voit aussi que l'accumulation de capitaux en est la condition nécessaire.

Il apparaît encore très fortement que cette accumulation est surtout l'œuvre du commerce, et particulièrement du grand commerce. Dès le moyen âge, à la suite des croisades, le commerce avec l'Orient a drainé vers l'Occident des capitaux relativement considérables, au profit surtout des grandes cités italiennes, et c'est pourquoi on trouve chez elles les premiers symptômes de l'organisation capitaliste.

Mais l'Italie ne pouvait garder pour elle seule ces richesses : il s'établit un courant international d'échanges, notamment vers le nord-ouest de l'Europe. Les Pays-Bas en furent l'une des principales étapes, et c'est la raison pour laquelle on voit le capitalisme naissant s'y implanter de si bonne heure.

Les principales routes des échanges furent aussi tout naturellement sillonnées de grandes foires, dont les foires de Champagne présentent le type le plus caractéristique.

Dans ces foires, ce furent d'abord des marchandises qui s'échangèrent. Mais le simple troc ne pouvait convenir qu'à des époques tout à fait primitives. Pour les achats et les ventes, il fallait se servir de monnaies, et la diversité en était telle qu'une catégorie spéciale de marchands s'occupa du change : les changeurs. Puis, de bonne heure, fut instituée la *lettre de foire*, qui ne tardera pas à donner naissance à la lettre de change ; c'est que le règlement des comptes ne pouvait plus seulement se faire au comptant, qu'il devait aussi se faire à terme. Plus importante encore, comme l'a si bien montré M. Huvelin, nous apparaît l'extinction des dettes par voie de compensation des lettres de change échues aux foires, c'est-à-dire les virements de parties ou *scontration*.

On voit comment le capitalisme commercial donne forcément naissance au capitalisme financier, qui contribue à "son tour, par la circulation active qu'il fait naître, à l'accumulation des capitaux.

Puis un autre élément entre en jeu, que M. W. Sombart a fort bien mis en lumière : ce sont les besoins d'argent sans cesse croissants des grands États princiers ou monarchiques. Leurs emprunts enrichirent tous ceux qui se livraient au commerce de l'argent : percepteurs de taxes, prêteurs, banquiers, etc. La naissance du crédit public semble avoir fortement contribué au développement des grandes puissances financières, qui apparaissent à l'aurore des temps modernes.

Une autre manifestation de l'évolution capitaliste, ce fut la création des *bourses*, qui se développèrent de plus en plus à partir du XVIᵉ siècle et supplantèrent peu à peu les grandes foires. Toutes les opérations, qui, dans celles-ci, n'étaient que périodiques, devinrent quotidiennes ; l'on comprend alors à quel point les bourses contribuèrent aux progrès du capitalisme.

La pratique des changes, qui ne cessait de s'accroître, obligea les gouvernements, sinon l'Église, à reconnaître comme légitime le prêt à intérêt. Or, le prêt à intérêt est l'un des fondements essentiels du capitalisme moderne. Puis, les tractations auxquelles donnent lieu les changes, sur les diverses places, avec leurs cours fixés dans les foires et les bourses, ont pour conséquence de mettre au premier plan les valeurs mobilières, le « papier ». De là, une mobilité de plus en plus grande des capitaux. Ce qui est directement échangé, ce ne sont plus tant les marchandises que leur représentation, en quelque sorte, abstraite. Ainsi s'explique l'importance sans cesse croissante de la spéculation et du jeu, qui déjà tiennent une si grande place dans l'Anvers du XVIᵉ siècle, où se manifeste, comme on l'a dit, « un capitalisme effréné ».

II

Mais Anvers n'était encore qu'un îlot dans une société qui reposait surtout sur la propriété foncière. La masse des capitaux qui s'y manipulait s'exprime par des chiffres qui aujourd'hui nous semblent presque dérisoires.

Il fallait un nouvel afflux de richesses et de capitaux. Ce fut la conséquence des grandes découvertes, de la mainmise des puissances occidentales sur le Nouveau Monde. Le grand commerce maritime et colonial, à partir du XVIᵉ siècle, jeta sur les marchés de l'Europe une masse énorme de capitaux, représentés par les denrées précieuses des pays tropicaux, de l'Extrême-Orient, et surtout par l'or et l'argent.

Remarquons que c'est surtout en vue de ce grand commerce maritime et colonial que furent créées les premières sociétés par actions (telles, les Compagnies hollandaise et anglaise des Indes), qui apportèrent au capitalisme une force singulière, de puissants moyens d'action.

Ainsi, le capitalisme nous apparaît d'abord sous sa forme commerciale et sous sa forme financière. Et, en fait, tel en est, sans aucun doute, le fondement. Ce qui distingue essentiellement le régime capitaliste des autres régimes économiques, c'est la mobilité des capitaux, pour qui les obstacles nés de l'espace et du temps disparaissent, en quelque sorte. D'autre part, le capital, accumulé en vue du gain, de l'intérêt, reçoit une rémunération qui n'est plus, véritablement, la récompense du travail ; il opère en fonction du temps, contrairement aux conceptions de l'antiquité, du moyen-âge, et aux prescriptions de l'Église, qui, tout comme Aristote, ne peut admettre que « l'argent enfante de l'argent ».

164

Voici, au XVIIe siècle, une grande puissance économique, la Hollande, dont la force repose tout entière sur le capitalisme commercial et financier. Mais, dès le début du XVIIIe, son déclin s'annonce, précisément parce que sa prépondérance ne repose que sur le commerce maritime et le trafic des valeurs mobilières. L'Angleterre et, dans une certaine mesure, la France prendront sa placé, parce qu'elles ont à exporter, non seulement les produits de leur sol, mais encore les objets créés par leur industrie. C'est le moment où le capitalisme commercial et financier va commencer à exercer son emprise sur l'industrie.

III

L'industrie, longtemps aux mains des petits métiers, dépourvus de capitaux, va clone se transformer peu à peu en grande industrie capitaliste. Mais le premier stade de cette évolution est marqué, par l'action des marchands-entrepreneurs, qui vont surtout développer, à leur profit, l'industrie rurale et domestique. L'artisan campagnard ou le maître ouvrier de la soie à Lyon n'est plus en relation directe avec l'acheteur ; c'est le maître marchand qui court à la recherche des marchés lointains, règle, « contrôle » la production ; c'est à lui aussi, et non plus à l'artisan, que va le plus clair du profit.

C'est plus tard seulement que cet entrepreneur se transformera en chef d'industrie, lorsque la concentration industrielle et ouvrière, ainsi que le machinisme auront réduit le travailleur à la condition de pur salarié. Enfin, le capitalisme industriel triomphera vraiment, lorsque les sociétés par actions, qui n'apparaissent d'abord que dans quelques industries, dont l'outillage est particulièrement coûteux, comme les entreprises minières, se seront répandues dans toutes les branches de la fabrication. Mais cette dernière victoire demandera encore un nouveau développement du grand commerce, la transformation des communications et des transports, grâce à la machine à vapeur, les progrès du crédit et de l'organisation bancaire.

Quelle que soit l'importance du capitalisme commercial, il ne faut pas cependant méconnaître le rôle de l'industrie. En Angleterre, au XIVᵉ siècle, ce sont les progrès de l'industrie drapière qui, ont déclenché le grand mouvement d'exportation. Dans les temps modernes, la production industrielle est encore davantage le soutien nécessaire de l'activité commerciale et financière ; c'est, on l'a vu, l'une des raisons pour lesquelles l'Angleterre a fini par l'emporter sur la Hollande.

En un mot, ce qui caractérise la société capitaliste contemporaine, c'est que les trois formes du capitalisme, — commerciale, financière, industrielle -, dont nous avons étudié, le développement, s'y trouvent concurremment. La dernière venue, la forme industrielle, a tellement éclipsé — en apparence du moins — les deux autres — qu'on l'a souvent, considérée, à tort d'ailleurs, comme en étant la manifestation essentielle.

Le capitalisme moderne a bien envahi peu à peu une grande partie du champ de la production, mais pas entièrement cependant. Même dans les régions où il est le plus répandu, la petite industrie, en effet, n'a pas disparu ; l'artisan, le travailleur et surtout l'ouvrière en chambre subsistent toujours, principalement dans les dernières opérations de finissage (confection, ajustage, etc.). Mais combien y a-t-il de contrées où le capitalisme n'en est encore qu'à ses débuts et n'exerce vraiment son action que du dehors ! Puis, n'oublions pas que, partout, l'agriculture échappe encore, pour une très forte part, à l'emprise du capitalisme. Elle a pu subir, de longue date, son influence indirecte, mais fixée au sol, c'est-à-dire à l'élément stable par excellence, elle n'est, même aujourd'hui, touchée par lui que dans la mesure où. elle doit compter avec les spéculations commerciales ou avec le crédit sous toutes ses formes. D'ailleurs, ce caractère « conservateur » de l'agriculture est surtout le fait de la vieille Europe ; dans les pays neufs, comme les États-Unis, les entreprises agricoles affectent davantage le caractère capitaliste ; le type du fermier-homme d'affaires (*business farmer*) s'y répand de plus en plus.

Au cours des temps modernes, le capitalisme a gagné peu à peu en profondeur. Mais, depuis la fin du XVIIIe siècle, son ère géographique n'a cessé aussi de s'étendre. Il arrive un moment où il gagne le Nouveau-Monde. À cet égard, la rupture du « pacte colonial » a une portée immense. On a vu que le système colonial avait puissamment contribué à l'éclosion du capitalisme. Par un retour des choses, le développement même du capitalisme devait avoir pour effet de ruiner le monopole des métropoles, qui devenait une entrave de plus en plus gênante à toute l'expansion économique. La chute du système colonial est donc en liaison directe avec l'avènement du capitalisme industriel.

IV

Pour comprendre le caractère du capitalisme contemporain, il faut donc avoir présente à l'esprit l'évolution qui l'a préparé. Il ne faut pas étudier seulement le capital en fonction du travail comme l'a fait Karl Marx ; il faut ne pas perdre de vue les éléments primordiaux, c'est-à-dire la forme commerciale et la forme financière, qui, en fin de compte, apparaissent comme les plus importantes. La conception du *produit sans travail*, que Marx donne avec raison comme le trait le plus caractéristique du régime capitaliste, s'explique plus fortement encore si l'on a présent à l'esprit le mécanisme des changes, qui a engendré les autres formes de la spéculation, si l'on se rend compte de la relation qui existe entre le capitalisme et la notion de jeu, de risque, que comportent les transactions à terme sur les valeurs mobilières, et aussi les diverses sortes d'assurances, dont la « grosse aventure » semble avoir été la première forme.

Karl Marx a eu aussi le grand mérite de décrire, plus nettement qu'on ne l'avait fait jusqu'alors, les répercussions sociales de l'évolution capitaliste, de montrer que le triomphe du capitalisme a pour conséquence de fonder les classes sociales, non plus sur des distinctions juridiques, mais sur des distinctions économiques, qui ont eu pour effet de rendre la société infiniment plus mobile et active, et en même temps plus instable. Mais Marx a appuyé sa doctrine surtout sur des faits contemporains. Pour comprendre, dans toute leur complexité, les transformations sociales, il faut envisager dans toute son ampleur l'évolution historique, étudier les premiers symptômes de l'organisation nouvelle. C'est par l'étude attentive et infiniment minutieuse, des données historiques, et en se gardant de toute idée *à priori*, de tout parti-pris politique et social, que l'on peut se faire une idée plus juste, à la fois, des origines du capitalisme moderne et du caractère véritable de l'organisation économique et sociale qu'il a déterminée, et qui se manifeste maintenant dans son plein épanouissement.

L'étude des faits nous montre notamment que la *conscience de classe*, chez les ouvriers, tic s'est pas manifestée d'une façon aussi brusque qu'on l'a souvent prétendu, qu'elle ne procède pas uniquement de transformations économiques, qu'il faut ici tenir compte de l'influence des idées.

V

Il est une autre série de questions, que nous n'avons pu qu'effleurer : quelle a pu être l'action du capitalisme naissant sur d'autres phénomènes, d'ordre politique, intellectuel, religieux, et quelle a pu être la réaction de ceux-ci sur la nouvelle forme d'organisation économique ?

La première poussée du capitalisme, telle qu'elle se manifeste au moyen-âge, notamment en Italie et aux Pays-Bas, a contribué à dissoudre les anciennes puissances féodales ; on le voit assez nettement dans les républiques italiennes et notamment à Florence. Nous avons constaté aussi que les progrès des États princiers et monarchistes ont singulièrement contribué, dès le début des temps modernes, à la formation de grandes puissances financières, dont les Fugger sont le type le plus frappant. Les emprunts contractés par les souverains ont accru, dans de fortes proportions, le commerce d'argent et la spéculation. D'autre part, les monarchies absolues, en créant de puissants États unifiés sur les débris des puissances féodales, ont élargi le champ d'action des forces commerciales et financières.

Si le capitalisme (plus encore peut-être pendant la longue période où il s'est élaboré que dans son plein épanouissement) peut être tenu pour responsable de bien des souffrances, il a été aussi un puissant instrument d'activité et d'émancipation intellectuelle. Voilà sans doute la grande raison pour laquelle l'Italie, dès le XIVe siècle, les Pays-Bas, à l'aurore des temps modernes, ont été les champs d'élection des sciences, des lettres et des arts, la raison pour laquelle la Renaissance y a été particulièrement florissante et féconde. Puis, la création de grandes fortunes mobilières a produit toute une catégorie de protecteurs éclairés des arts et des lettres ; toute l'histoire des arts pourrait en témoigner, en ce qui concerne surtout l'Italie et les Pays-Bas. C'est aussi un fait bien significatif que la Hollande du XVIIe siècle a produit un Rembrandt, un Ruysdaël, et a été un foyer d'activité scientifique, comme de liberté intellectuelle, l'asile et le refuge des hommes qui pensaient.

On peut même saisir un lien entre l'évolution capitaliste et les mouvements religieux. On a vu avec quelle ténacité l'Église s'est élevée contre le prêt à intérêt, contre le commerce de l'argent, contre la spéculation sur les changes et sur le papier. D'autre part, l'individualisme, qui se manifeste dans le domaine économique, au XVIᵉ siècle, trouve aussi son expression, sur le domaine religieux, dans la Réforme, et principalement dans la Réforme calviniste. On a vu que Calvin considérait comme légitime le prêt à intérêt ; on a vu aussi que les non-conformistes ont beaucoup contribué à l'accumulation des capitaux. À cet égard également, l'influence des Juifs est indéniable, bien qu'il ne faille pas l'exagérer.

En un mot, entre l'évolution capitaliste et d'autres formes de l'évolution historique, on saisit l'existence de liens souvent assez étroits. Mais il y a là des phénomènes si complexes qu'il est souvent difficile de démêler leur influence réciproque, de distinguer les causes et les effets. Cependant, le seul fait de poser ces questions présente un réel intérêt, car il est susceptible de provoquer de nouvelles recherches et d'ouvrir des voies fécondes.